# 我是微商操盘手

陈晓斌 ◎ 著

人民日报出版社

## 图书在版编目（CIP）数据

我是微商操盘手 / 陈晓斌著. -- 北京：人民日报出版社, 2018.6
ISBN 978-7-5115-5434-5

Ⅰ.①我… Ⅱ.①陈… Ⅲ.①网络营销 Ⅳ.
①F713.365.2

中国版本图书馆CIP数据核字(2018)第071747号

书　　名：**我是微商操盘手**
作　　者：陈晓斌
出 版 人：董　伟
责任编辑：郭晓飞　吴立平
封面设计：三鼎甲
出版发行：人民日报出版社
社　　址：北京金台西路2号
邮政编码：100733
发行热线：（010）65369509　65369527　65369846　65363528
邮购热线：（010）65369530　65363527
编辑热线：（010）65363486
网　　址：www.peopledailypress.com
经　　销：新华书店
印　　刷：北京紫瑞利印刷有限公司
开　　本：880mm×1230mm　1/32
字　　数：100千字
印　　张：7
印　　次：2018年6月第1版　2018年6月第1次印刷
书　　号：ISBN 978-7-5115-5434-5
定　　价：69.00元

# 策 划 手 记

## 微商操盘手的八项修炼

李鲆

黑马哥是一个思维极其敏捷、逻辑极其清晰的人。

2017年11月，我在他的办公室，跟他做《我是微商操盘手》的策划时，我只提了一个微商操盘手的概念，他就随口说出了操盘手应该关注哪几个关键问题，这几个问题又分别细分哪些内容，只用了十分钟时间，就列出了本书的框架，后来写书，就是按照这个框架写的，几乎没有什么变动。

什么是真正的内行？你随便给他一个点，他就能马上拓展到一个面，这个面再拓展成一个立体的空间，逻辑自洽，细节到位，形成一个严谨的、丰富的世界。没有丰富的实操经验，没有不断地研究和思考，没有强大的总结能力，做不到这一点。

黑马哥从2014年开始接触微商，参与了许多微商活动，做过许多微商品牌的大型活动策划。他培训过数万名学员，帮助数百家传统企业转型微商，成功地辅导了10多家微商企业，营业额超过30亿元。

《我是微商操盘手》，就是黑马哥从事微商操盘的经验分享，也是微商领域第一本关于如何操盘微商的书。它如何挑选让客户尖叫的产品、微商公司的基本配置、符合趋势的微商模式、微商代理制度的制定、公司团队培训制度、选择合适的招商会、产品后期如何增盘等八个方面入手，全方位分析，手把手教你如何步步为赢，创造品牌奇迹，把你培养成一名合格的操盘手。

有趣的是，现在被炒得火热的"微商操盘手"这个概念，正是黑马哥自己提出来的。他在操盘那些微商项目时，有了深刻的感受，他觉得做微商就像炒股票，当一个微商项目从零开始运营发展、做得很好的时候，就像股票上涨到高位；当这个项目运营不好、销量上不去的时候，就像股票下跌。做一名微商操盘手，就像金融的操盘手，要时刻盯盘，才能做好操盘工作。

有志做好微商的人，不可不读此书。

李鲆（微信276527980），资深出版人，著有《畅销书浅规则》《畅销书营销浅规则》《微商文案手册》等，策划出版多部畅销书。

## 前言

### 最好的操盘手,就是你自己

我为什么会出版这本关于微商产品操盘的书?

现在很多传统行业和一些微商品牌,都想做好自己品牌的起盘和操盘。

只是很多人却不知道如何操作。

我和我的团队自2014年接触微商至今,一直在微商行业经营,参与了许多微商活动,也做了很多微商品牌和微商的大型活动策划。

我自己已经成功操盘了12个品牌,效果都很好。在微商品牌操盘方面积累了非常丰富的经验,熟悉一系列的微商运作策划和活动流程。

2016年,我成功地操盘了一款漱口水,然后1000多

个品牌开始模仿我们，引领整个微商做漱口水。因此，我被微商同行誉为漱口水行业的鼻祖。

2017年，我们又运营了一款黑发产品：南烛叶，也做得非常成功，从一个月只有几千元的销量，到现在一天能够卖到将近1000万元，这也是我们成功的经验之一。

这些，就是我动笔写这本书的动力源泉。

## 我是微商操盘手

# 目 录 | CONTENTS

**第一章**
**客户尖叫的产品特点**

1. 生产原料和价格优势 / 3
2. 使用效果能立竿见影 / 11
3. 消费率、复购率比较高 / 15
4. 品质能完胜同类产品 / 19
5. 产品供应链正常保证 / 23
6. 产品库存跟得上销量 / 25
7. 产品品类属于常销品 / 27
8. 产品营销方案有特色 / 31

**第二章**
**凝聚力强的公司配备**

1. 老板思维和微商结合 / 37
2. 产品要有适合的操盘手 / 43
3. 微商公司的基本配置 / 53

## 第三章
### 符合趋势的微商模式

1. 直营微商模式分析 / 63
2. 代理微商模式分析 / 71
3. 直营加代理模式分析 / 73
4. 会销微商模式分析 / 77

## 第四章
### 微商代理制度的制定

1. 起盘代理制度的制定 / 83
2. 起盘奖励制度的制订 / 89
3. 不同阶段的奖励制度 / 99
4. 团队的后期奖励制度 / 103

## 第五章
### 公司团队培训制度

1. 线上、线下培训制度的设立 / 107
2. 低级代理培训制度的设立 / 109
3. 中级代理培训制度的设立 / 111
4. 高级代理培训制度的设立 / 113

## 第六章
### 选择适合的招商会

1. 前期起盘线上的招商方案 / 119
2. 线下招商会方案分析 / 123
3. 美博会招商方案 / 127
4. 线下沙龙聚会招商 / 129
5. 小型会销现场招商 / 133
6. 线下地推方案分析 / 135
7. 转型实体微商方案 / 147
8. 视频等直播招商方案 / 149
9. 如何做好微信好友招商 / 157
10. 朋友圈资源招商 / 165
11. 整合行业资源招商 / 169
12. 不同培训方式招商 / 171

## 第七章
### 产品后期如何增盘

1. 培养现有代理 / 177
2. 裂变现有代理 / 183
3. 吸收新代理加入 / 187
4. 持续不断地策划 / 189

## 附录 1
### 公司创业失败原因分析

1. 老板的格局不大、思维不够清晰 / 195
2. 操盘手团队的运营能力不够 / 197
3. 公司策划运营能力弱 / 199
4. 公司培训体系不完整 / 201

## 附录 2
### 我的故事 / 203

# 第一章

## 客户尖叫的产品特点

【本章导读】

产品，是微商的王道。

现在是产品为王，特别是在微商行业，更是重中之重。

做微商，如果一开始没有选择好产品，而产品本身不够动销、卖不掉货，那么，即使后期你的产品运营和策划等一系列活动方案做得再多，也很难支撑起整个微商起盘。

因此，选择产品，是微商起盘最重要的一环。

那么，如何选择一款让客户尖叫的产品，才是我们作为操盘手去首要选择的。

## 1. 生产原料和价格优势

微商选择产品，要有生产原料和价格方面的优势。

生产原料，就是我们在选择产品的时候，一定要纵观整个行业。

每个行业，我们都要有所了解，这个行业在微商里到底属于什么状况，处于什么阶段。

有些产品，本来很好卖，像面膜，在2014—2015年的时候，非常好卖。中间有一段时间不太好卖。但是到了

2017年3月,因为韩国事件,加上中国的面膜有了暂时的崛起,面膜又开始热卖了。

因此,一定要根据整个市场的行情,去把握市场的发展趋势。

如果不了解这个趋势,不知道整个行业到底什么产品好卖,什么产品不好卖,你作为一个操盘手,在这个阶段,你就是最被动的。

相反的,如果我们在选择产品时,了解了这个行业,了解了什么产品好卖,什么产品不好卖,以及今年什么产品好卖,这个阶段什么产品好卖,那我们选择产品时就会非常准确。

我们团队在选择产品时,都会跟广州、义乌等地的大工厂或者大品牌方进行沟通,了解最真实的数据。

因此,操盘手在选择产品时,要多跟大工厂、知名人物、意见领袖等进行沟通。看什么产品好卖,什么品牌做得好,什么品类做得好,给自己选择产品提供一个参考价值和方向。

这里所说的生产原料，不只是指生产原料，而是指选择的这款产品的品类，要非常准确。

因为这个品类的选择，直接决定了你未来的走向。

比如，2014年最好卖的产品是面膜，2015年最好卖的产品是女性私护用品，2016年最好卖的产品是洗衣片。这几大品类在这3年都占据了整个微商行业。

2017年下半年最好卖的产品是漱口水。因此，只要2017年你选择的产品是漱口水，不管你选择时间早一点儿还是晚一点儿，你都会搭上漱口水这趟顺风车，招商、招代理等都会比较容易。

所以，选择产品、选择品类，这一步非常关键。

选产品要选择大的品类。

比如你选减肥产品。减肥产品从2014年一直到2017年，是每年都会火的一个品类，每年都会有一两个产品火起来，卖得比较好，这也可以说是微商行业的一个特点。

因此，减肥产品是比较好切入的一个品类。价格优势，

 我是微商操盘手

更加需要把控。

当你选好一个品类,你要把你的产品和同类产品进行对比。你的产品技术要比较高端,最好有一些专利技术,或者是有国家检测报告之类的官方证明文件。总之,证件越全越好。这样,你的代理商和经销商会比较放心。

同时,你要找一些有实力的工厂去合作,跟有实力的工厂合作,也是你能把产品的价格优势做到最优的一个条件。同样的产品,别人的成本是10元,你能把成本控制在8元,那你对利润的把控,就会很有优势。

即使后面有一些模仿者来模仿你的这款产品,但只要你有价格优势,你在市场上就会占有主动。

所以,微商品牌在选择合作工厂的时候,一定要非常慎重,并且要多参观、多对比,为自己的产品品质打下坚实的基础。深圳市时代(中国)有限公司,就是一家实力非常强的工厂,它是中国口服液较大的生产厂家。为国内多家知名品牌加工生产。现在多家上亿元的微商品牌,也是在这里加工生产的。

该公司是一家集健康饮品、健康食品、保健品、美容

化妆品研发、生产、销售和OEM、ODM代加工为一体的国际化高新技术企业，也是国内较早致力于饮品、化妆品、健康食品生产和OEM、ODM代加工的高新技术企业之一；是国内较大的高档口服液研发生产商；拥有全球领先的胶原蛋白系列美容产品研发生产线；是全球五星级以上酒店洗浴用品生产加工基地；曾为全球著名的沙棘产品供应商和日本著名的中国健康食品及美肌食品供应商。

公司以"主人文化、服务为本；诚信至上、艰苦创业"为核心价值观，以"尽责、务实、创新、领先"为精神，以"致力生物科技、服务人类健康、共建世界品牌"为使命，以"造中国最高端的口服液，造中国最优质的化妆品，做世界品牌的生产基地"为产业战略。

我是微商操盘手

只有前期控制了产品成本的优势，你后期在给产品定价、代理定价时，才会比别的竞争对手有优势。

因此，产品价格优势，在这个行业中也是非常关键的，决定了你在未来能走多远。

你的产品即使现在能够起盘，并且盘起得很好，但如果你的产品失去了价格优势，发展到后期，就有可能被对手超越。

作为一个好的操盘手，我们要预防，在未来的半年或一年内，你的竞争对手能将自己的产品做到什么价格。

提前把所有可能存在的问题都想好，这是操盘手应该做好的工作。

比如，现在我们去选黑发产品的品类，我们应该去对比广东、浙江以及其他的一些厂家。

南烛叶在进入微商渠道前，已经在传统药店渠道做到第一黑发品牌，在线下药店销售了7年，获得了广大消费者的认可。进入微商渠道后，以其过硬的产品品质，迅速获得了微商市场的认可。很多微商团队、微商代理纷纷加

入南烛叶。不到一年时间,南烛叶就拥有了20多万微商代理,实力强劲。

## 2. 使用效果能立竿见影

微商产品的使用效果，一定要立竿见影，这样才能够通过朋友圈、微信渠道、互联网渠道，迅速抓住消费者的眼球。

只有产品的使用效果能够迅速抓住消费者的眼球，消费者才会产生快速购买这种产品的冲动。

作为一名销售人员，你在微信里销售一个产品和在淘宝上是不一样的。

在淘宝，你想买连衣裙，会去搜索连衣裙，查看各买家秀，然后再决定是否需要购买。

而在微信里，客户是因为在极偶然的情况下看到你的朋友圈，感到好奇，然后决定购买。

因此，我们的产品要效果明显，要立竿见影，让客户一看到就觉得这个产品特别有效，他就会决定购买。

比如，2014年热销的面膜，客户看到产品效果这么好，就会决定购买。再比如女性私护产品，她看到女性私护产品的介绍，发现原来有消炎杀菌的效果，她就会立刻购买。

2016年热销的洗衣片，一片洗衣片，能够洗一二十件衣服，这种效果也是立竿见影的。2017年热销的漱口水也是一样，20秒就能清洗掉口腔残渣，让你看得到口腔里吐出来的脏东西，这种效果也是立竿见影。

同样，
减肥的产品也是如此。

为什么每年的减肥产品都会好卖？因为它的使用效果是立竿见影的，能够让你迅速地看到自己从150斤减到100

斤。再配上使用前后的对比效果图,给人的视觉冲击更强烈。

如今很火的黑发品牌:南烛叶,为什么这么火?也是因为黑发产品的效果是立竿见影的,只需10分钟,白发变黑发。这种效果,能够打动很多消费者的心,有白头发的人群,一看到朋友圈,就有购买的欲望和冲动。

因此,立竿见影的产品,才会在微商里面热卖。

作为一名操盘手,你在选产品、选品类的时候,一定要抓住"立竿见影"四个字。你要从几千种、几万种产品中,选出使用效果非常好的产品。

当然,这需要你具备对供应链的一种把握能力,需要你对整个行业的透彻了解。

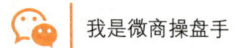

我们在做微商时,如果自己的产品不能让人尖叫,产品使用效果不够好,是很难卖得动的。

做得好的品类和品牌,他们会在日本、韩国和美国等发达国家,找到最好的先进技术,然后研发配方,做好包装,做好品牌、品类的宣发。这些都需要站在更高的行业角度才能做到。

作为操盘手,我们在选品类的时候,要站在全国的高度、甚至是站在全世界的角度。而不是别人提供一个产品,你就做这个产品,让这个产品进驻微商渠道。

不是这样简单的。

作为操盘手,我们需要慎重地去筛选产品,去验证这个产品是否适合做微商。

## 3. 消费率、复购率比较高

为什么强调产品的消费率和复购率要比较高呢?

一个产品,如果顾客只是购买了一次,后续没有复购。那么对微商而言,这个产品就是短命产品。

我们在选择微商产品时,应该选择让消费者持续不断去消耗以及消费的产品。这种消费率是能够带动客户后续使用的一种购买力。

比如面膜和洗衣片,这些产品为什么能火?是因为这

些产品是生活日用品,大家要经常使用。

我们在对一个产品进行品牌宣发、产品宣传时,要注重产品的消费率和复购率,让人觉得这是一个商机,这些产品在平时生活中都能用到。

比如红木家具,是微商不能做的产品。因为客户买了一次后,很可能隔五年或者十年才会再次购买。

因此,消费率和复购率不够的产品,是不符合来走微商渠道的。

产品的品质和使用效果是一种综合性的感觉。

你要让消费者觉得:你这个产品比我在淘宝上买的要好,比我在超市里面买的要好,比我在其他渠道买的都要好,比我在韩国代购的都要好。

如果你的产品达到这种使用效果,产品的复购率才会提高。

作为操盘手,我们要把产品的体验感和效果做到极致。这种极致才能让你的产品做到好的复购率和消费率,让你的产品走得更长远。

这是一种循环,如果你不能将产品做到极致,那你肯定做不长远。

## 4. 品质能完胜同类产品

产品品质要完胜同类产品,就是说,作为一名操盘手,你要找的产品,一定是这个行业非常优秀的产品,拥有一个优秀的产品供应链。你的厂家能够把你的产品品质做到非常完美。

如果你的产品不能够 PK 掉别人,那就会被别人 PK 掉,就会被别人优胜劣汰。

作为一名操盘手,你首先要考虑的,是你的产品能够领先别人多久,是领先半年、领先一年还是领先三年,还是根本就没有这种优势。

如果你的产品没有这种优势，那么这个产品基本做不起来。

这是因为有人生产的这个品牌，只是在他自己的认知范围之内，在他的朋友圈里，他会觉得这个产品很好。而放到市场上，就不一定是好产品了。

因为这个产品没有经过市场验证，生产者的认知度不高，不是站在一个全国范围的高度去思考的，而是只放在他自己的朋友圈。

在小范围内试验的产品，就让自己的判断标准降低了许多，自己就像井底之蛙。你觉得这个产品真的非常棒，真的非常好，然后就自以为市场和客户也会认可你的产品。

最后，市场和客户反馈回来的是不认可，认为这款产品卖不动，会产生大量的压货。

这正是一名操盘手做不好的原因之一。你的认知度和格局没有达到一定的境界，决定了你做不到也做不好。

如今能在微商里做得特别好的品牌，都是那些品质特别好的产品，以前想坑蒙拐骗的产品，想在微商里立足，是不可能的事情了。

很多微商品牌，引进的技术，不仅是在国内遥遥领先，甚至在国际上也是数一数二的。比如，魅印瘦脸霜，引进了美国科学实验室最前沿的顺势靶标技术，这种技术在国内还没普及，魅印却顺利地把国际顶级的科学技术，引进到微商产品里来，并受到了很多微商团队的热捧。

## 5. 产品供应链正常保证

起盘一款产品，产品供应链要正常，要充足。

当你的产品动销起来或者起盘时，它是很快就会产生几百万，或者上千万的订单。因此，你应该考虑你的合作工厂到底能不能供应上产品销售。

因此，操盘手要提前预计好产品供应。

如果一下子有了几千万的货物订单，你要做好充分的准备。

我是微商操盘手

你是否已经跟工厂方面联系好，产品的包材、物料、生产原料、一系列的包装盒等，工厂都要做好充足的准备。

否则，当订单猛增、激增，你的产品供应跟不上，就很容易拖累代理，让代理对你的信任度降低。

因为代理是需要及时、快速地拿到产品，你的团队也需要产品进行市场流通。如果市场上没有产品的流通，就会引起恐慌，或者引起骚乱，引发额外的一些麻烦。

所以，产品供应链保证，要提前做好准备。

## 6.产品库存跟得上销量

同时,产品的库存要保持在一个合理的范围,既不能太多,也不能太少。

如果产品库存太多,就会给自己带来资金压力,还会产生一些其他的问题,比如保质期。

但是产品库存也不能太少。否则,一旦订单过来,你的产品就会供应不上。

库存要保持在一个合理的范围，你需要招一名库管员或者你自己管好库存，要把握好这个度，根据现有的订单量，控制好库存量，保证产品供应得上。

一名好的操盘手，也是一个优秀的全局把控者，能够合理地安排生产，安排订单，安排发货量等，这是一门技术，也是一门艺术。

## 7. 产品品类属于常销品

微商选择的产品品类，要属于常销品的品类。

什么样的产品才叫常销品？就是我们都乐于接受，而且生活当中经常需要的。

比如，2014年很火的面膜，就是因为这款产品不管是女性还是男性，基本上天天都要使用。他们都想找到一款自己喜欢的面膜，适合自己的肤质，能够经常使用。

 我是微商操盘手

还有 2016 年很火的女性产品和化妆品,也是因为这些产品属于常销品。

为什么化妆品在微商领域能够占据半壁江山?因为化妆品是一款常销品,是大家需要的日常用品,而且是一种必需品。

2017 年的洗衣片,也属于常销品。因为大家每天都要洗衣服,这种需求是每个家庭都有的,都离不开。

不过有的爆品,它的生命周期会随着微商团队的消失而受到影响。因为有一些微商团队,他后期不再做这个产品,或者是在这个产品卖不动的时候放弃了。

所以,这个常销品,也可能是在短期之内畅销。微商常销品的生命周期不会太久,一般都是一年左右。

我们在选择产品时,一定要选择它是常销品,是大家日常生活需要用的,或者是对大家很有帮助的。

例如黑发产品南烛叶,它能够让你的白头发变为黑头发。这是一种刚性需求,是一种人们一看到就想用的产品。这款产品就是常销品。此类产品,终端销售不困难,代理

很容易出货。如此一来，就会形成良性循环。南烛叶在一年的时间里，销量不仅没有下滑，反而节节高升。其重要原因，就是产品的畅销。

减肥类的产品也是常销品，因为减肥产品也是一种刚性需求。随着经济的发展，肥胖人士越来越多，减肥的需求一直都在。

## 8. 产品营销方案有特色

我们所做的产品营销方案要有自己的特色。

我见过很多微商产品,都是很好的,有消费率、消耗率和立竿见影的效果,具备前文说的那些条件,只是他们的产品营销宣传不符合微商想要的。

例如,同样是化妆品,我做过一款面膜,是一个防护水膜。这个防护水膜,是从法国引进的最新技术。但是这种最新技术,对我们中国人而言,并没有多新奇。

不过，我们在做后面的营销宣传和推广时，我们宣传的产品名字不叫"防护水膜"。因为微商里面需要新奇，需要别人感觉到特别和眼前一亮的感觉。

这个防护水膜是女性用在彩妆之前的。于是，我们给"防护水膜"取了一个新名字："彩装膜"，广告语定的是——"彩妆新生活，就用彩装膜"。

这样，顾客一听，就知道这个产品是用在彩妆之前的一种膜。

因此，当你选择好产品后，要考虑的就是，产品要定位在应该如何符合微商想要的，以及产品的宣传包装如何能够让顾客一目了然，广告语能够立即让顾客接受。

选择好产品后，还要请一些专业人士，或者是我们团队通过头脑风暴，去思考一个新的、符合客户想要的、能够让人立刻看明白的广告语。

即使像叶茂中那样的专业机构，也一样需要有一个专业的营销策划和定位。

这些专业的定位，才能让这款产品被立刻记住，能够很快地进行宣传。因为一旦你的产品宣传不到位，或者是定位不清晰，后期的宣传成本以及你朋友圈的传播都很困难。

这个时候，我们就应该想方设法地做好产品的定位，让客人看到产品，就能够立刻联想到它是做什么的以及有什么功效。

南烛叶的定位："树叶洗洗头，白发变黑发"，能够让人知道的是：只要洗洗头，就能让自己的白发变黑发。虽然比较简单，但是能直接让别人明白产品的功效。

## 第二章

## 凝聚力强的公司配备

【本章导读】

老板的思维要转变成微商思维,并且把微商思维和微商行为相结合。这种微商思维的形成,会让你在进行品牌操盘的时候,有持续不断的想法和策划力。

我们做一个微商操盘手,就像金融的操盘手,要时刻盯盘。

一个正规的微商公司,需要配置美工、文案、策划、控价部门、发货部门、客服部等员工和部门。

## 1. 老板思维和微商结合

老板的思维要转变成微商思维,并且把微商思维和微商行为相结合。

或者说品牌方要有微商思维。当你开始做微商的时候,不管你是从传统行业的老板转到微商行业,还是从品牌方转到微商行业,都需要首先学会具备微商思维。

微商思维,是我自己首先提出来的。微商思维跟传统行业的思维是不一样的。

你慢慢地需要这种微商思维，需要你自己有个性，需要你打造个人IP，需要你慢慢地有一种微商感觉，这种感觉就是你以前看不起微商，但实际上现在需要做微商。

比如，你要开始爱拍照，爱拍视频，爱做宣传，爱从各种小细节、小点子进行营销、宣传和策划，要随时随地进行这样的营销。这种营销思维无处不在，这也是微商思维。

原来传统行业的老板，做一件事情，可能他不太好意思去像微商这样大力宣传个人，但是在微商行业，必须要这样做。

这种微商思维的形成，会让你在进行品牌操盘的时候，有持续不断的想法和策划力。

如果你不具备微商思维，你就会从产品、包装、定价、活动、组织会议、成交到代理加入等一系列的工作中，感觉到压力很大，做每一件事都很难。

如果你不具备微商思维，你就会在和一些微商团队合作时，感觉格格不入。你做的产品活动，或者是宣传策划，并不是他们想要的。

如果这样，你就会跟你的团队严重脱节，慢慢地，他们将不会跟随你了。

因此，作为品牌方或者老板，只有具备微商思维，才能真正地走下去。

那么，微商思维是怎样形成的呢？

第一，品牌方要多学习什么是微商。如果你不知道什么是微商，进驻微商你就会撞南墙和吃大亏。

传统行业进驻微商，就好像我们从一个行业跨入另一个新行业，要先学习这个行业，了解这个行业，要摸透这个行业。

第二，作为品牌方，我们要多跟微商、微商团队，或是代理们沟通、交流，了解他们的想法。

他们只在乎你的产品好不好卖，你的营销推广是否在朋友圈一发出去，朋友们看到，就想买或者想做你的代理，想跟随你做一番事业。

这些都需要你跟别人沟通，才会形成这种感觉，否则，

如果你自己都没有摸到微商的一种思维或想法，你就会做得非常艰难。

老板要具备微商思维，要通过学习和跟别人沟通，然后深入到这个行业，有一系列的微商行为，知道别人想要的是什么，以及你公司后面的一系列营销策划运作。

所以说，是先有微商思维，再有微商行为。

这种微商行为体现在方方面面。

美工做图也要具备微商思维，而不是电商思维。

有的美工做的图片很死板，或是没有俏皮感，不符合现在的微商思维，或是没有大家很容易传播的或者大家关注的点。这种图片，在微商里面是传播不了的。

什么是微商行为？

产品发布会，或是微商想要的走红毯，或是摄影，或是上台分享，或是颁奖活动，这些都是微商行为。

或许，在传统行业当中，不需要走红毯，不需要豪车，不需要其他的一些展示和宣传，但是微商需要。

做微商，需要通过一系列的包装，或者是个人的IP打造，或者是个人的一种形象展示。只有这样，才会让人觉得你是一种微商行为。

这种微商行为，需要通过点点滴滴的、整体的营销宣传包装造势才能达到。

## 2. 产品要有适合的操盘手

操盘手这个概念，一般情况下，只有在证券公司做金融的时候才提到。

为什么微商现在也要提到操盘手呢？

我在操盘那些微商项目的时候有了深刻的感受，觉得做微商就像炒股票。

当一个微商项目从零开始运营发展，做得很好的时候，就像股票上涨到高位。

我们需要思考一个问题：如何将现在这么好的销量进行消化以及我们如何能把更多的货卖出去？

当这个项目运营不好、销量上不去的时候，就像股票下跌。

我们需要思考的问题就是：如何通过做活动，通过线上、线下及其他的一些发布会，或者是一些裂变会、促销活动等，把销量提升上来，把股位拉上来。

因此说，微商操盘手，就像金融的操盘手，要时刻盯盘。

怎么样做才是一名合格的操盘手？操盘手需要具备什么素质？

第一，操盘手需要特别懂微商。

如果你不懂微商，那么这个盘根本操不起来。

第二，操盘手要有强大的营销、策划能力。

一个微商项目运营起来后，还需要有一系列的活动和策划，才能不断地越做越大。

一个微商项目起盘的时候，前期的销量是很大的。因为项目前期有一个筹备期，有一个爆发期，销量就会很大。

但在这个项目发展的中后期，要让这个销量持续不断地去裂变、去做大，就需要你有强大的运营和策划能力。

**第三，操盘手要有强大的培训能力。**

作为一名微商操盘手，你要特别懂微商，知道微商需要什么样的课程，需要怎样的知识体系，需要怎么做服务……这些，都需要我们操盘手去整理、控制和做好规划。

比如，如果项目的初级代理比较多，就要开设一些针对新人培训的课程。当中级代理越来越多的时候，就要进行中层干部的培训。当高级代理也很多的时候，就要定期进行培训。

所以，作为一名操盘手，你需要知道：我的代理、我的盘需要怎么做，才能让各级代理通过培训进行学习。

因为微商只有通过学习才能进步；只有通过培训，他们才会了解你的产品、了解你的公司、了解你的模式、了解你的进度。

 我是微商操盘手

第四，操盘手还需要拥有强大的心理素质和承受能力。

作为操盘手，工作强度比较大。我们可能从早上醒来，一直到凌晨两三点才能睡下。

还有，作为操盘手，我们面对的是全国的代理，有的人素质高，有的人素质低，有些人能够理解你，有些人不能理解你。

如果我们没有强大的心理素质，就很难承受一些对自己的批评或者是怀疑。

因此，我们要有一种强大的心态，去接受这种高强度的工作、时间和回应。团队的一二十万人，都是需要我们去面对的。

第五，操盘手需要有好的口才。

通过平时在群里培训，还有线下举行的发布会，你要能够站在台上，很有影响力地去演讲，能够影响到你的代理，能够影响到你的意向客户，能够让还在犹豫的人跟着你、做代理，这都需要你具备演讲能力。

所以，操盘手需要好的口才和影响力，才能够去做好成交，才能够站台上去做一对多的成交。

这些能力，到底谁才能做到呢？

操盘手也分好几种。

## （1）单操盘手

这个微商团队只有老板一个人。

那么，你的产品起盘就需要外聘。比如我们，外聘其他厉害的微商团队或者操盘手，为我们做具体事情。

如果是这种合作，你们就需要磨合。外聘的操盘手，性格要跟你相匹配，他的工作风格也需要跟你相匹配。

其实，还有一种方法。

如果你有能力，最好的操盘手就是你自己。作为品牌方，作为老板，你自己来做自己产品的操盘，这才是最好的。

这是我的一个建议。

只有你自己,才最了解你的公司;只有你自己,才最了解你的产品;只有你自己,才最了解你项目未来的规划和进度。

只有这样,你才能很好地把控项目。别人不知道你如何把控,项目发展进度就很难掌握、很难去跟进。

因此,你自己需要成为一名成熟的操盘手,一名很好的操盘手。

大家如果留心,就会发现,那些真正做得好的微商品牌,大都是品牌方自己去运营和操盘的。

但要注意的是,在你的团队当中,你需要像全明星、像NBA打篮球一样,需要配备前锋、后卫、中锋、防守人员,需要把团队组建成一种全明星阵容,或者是一种非常强大的阵容。

这就需要你有强大的能力,也需要其他操盘手去配合,或者你自己作为品牌方去整合这些资源。

### （2）双操盘手

双操盘手，就是项目除了你自己之外，聘请另外一名操盘手或者一个人，两个人一起合作。

两个人一起做，好处就是比较稳妥一点儿，大家可以互相商量。如果是你自己一个人，可能你的头脑、思考、策划和反应没那么快。

一个微商项目发展变化是相当快的，需要大家共同的头脑风暴。因此，微商团队里会经常开会，开到凌晨一两点甚至通宵都有可能。

因为项目发展需要这种头脑风暴，随时随地的沟通和碰撞，才会形成一个正确的决策，这个决策能够随时影响到每一个代理的销量。

双操盘手，要求品牌方特别懂产品，操盘手特别懂微商。这样的两者相互结合，就会相对比较好一点儿、稳一点儿和快一点儿。

同时，学习的成本也还是比较大，每个品牌方自己去学习微商操盘是相对难一点儿。

因此，品牌方和操盘手相互嫁接、配合，就能把团队做得比较符合微商想要的团队。

### （3）多操盘手

多操盘手经营就是有几个股东一起去做项目操盘，大家相互组成一个组织，每人负责项目的一个方面。

产品供应链强的成员，可以负责产品供应链；招商能力强的人，负责微商代理招商；培训能力强的人，负责微商团队的培训等。

多操盘手，需要避免的一个重大问题，就是几个人的合作磨合。如何能很好地磨合，能够发挥"1+1大于2"的效果，如果磨合不好，团队很容易解散。

### （4）外聘操盘手

外聘操盘手相对难度会大一点儿。这种外聘操盘手，需要品牌方对微商行业有一定的了解，你身边有操盘手这样的人，刚好就可以挖过来，或者整合过来。

当然，这样需要的成本会相对高一点儿。

外聘操盘手，和你招聘一个公司的职业经理人一样，需要多方面的考核，甚至磨合一段时间。需要对其操盘能力、责任心等有一个非常深入的了解。如果找到合适的操盘手，就可以花重金聘请其为品牌方服务。目前，好的操盘手的福利待遇：底薪100万元，再加整体大盘提点，都很难找到。

## 3. 微商公司的基本配置

一个正规的微商公司，需要配置以下基本人员和部门。

### （1）美工

招聘什么样的美工，美工人员要具备什么样的素质，都需要你在招聘美工之前考虑好。

美工要知道什么图片是好图片，什么图片是不好的图片，如何在图片中植入广告。当然，有些知识，还需要你在后期不断地对美工进行培训。

微商的图片,可能是由几万或几十万人在朋友圈去传播的。这就需要那种高传播率的图片,这样才会产生一些效益。

大家一定要记住,一张好的图片,对产品带来的销售是很有作用、很有帮助的。

这个大家可以学习一下杜蕾斯的美工图片。一个好的创意、好的图片、好的美感,才能让产品产生好的效益。

很多微商团队和公司,有时很不重视图片。结果,他的代理传播出去的营销素材,几乎没有任何影响力,也带不来销量。

从这一点考虑,美工也要具备一定的微商思维,他要知道微商到底需要什么,什么是热点,怎样能够做出大家想要的图片。

对美工进行一定的培训后,美工才会知道:我们的团队、我们的微商到底想要什么样感觉的图片。

当你不太清楚自己到底需要什么样的图片时,完全可以先从模仿开始。模仿一些做得好的图片、好的创意、好的活动等。先有了模仿,再结合自己的创意,结合自己的产品，做出适合自己产品的图片。

一个微商团队，一般需要配备两个以上美工，大的微商团队，可能需要配备三四个美工。

只有这样，你的图片才会比较充足，你的公司才能良性运转。如果最开始美工人员配备少，后期产品图片可能会供应不上。

### （2）文案

微商品牌营销宣传文案需要随时输出。

大家都知道，微商营销传播的主要途径就是朋友圈或者群。

因此，营销文案需要很好的创意，写的文案要能很容易进入别人的内心，能够让人看懂或者走心。这样的文案才会打动人。

为什么有的产品文案，朋友圈一发出去，就会出货？而有些人朋友圈发的产品文案，不仅货卖不掉，还会让人感到厌烦？

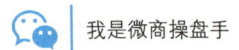

这就是文案写得不够打动人,或者是文案很直白,就像一些广告语,这样是很难去吸引别人的。

因此,我们应该要有一系列的产品文案,去带动你的代理。

前期带动起来后,产品出货到一定阶段,有一些微商团队,可能自己有能力写一些产品文案。但是作为一个微商公司,前期一定要提供一系列的微商创意和微商文案。

好的产品文案,能够让你快速出货,快速招团队;不好的产品文案,会直接影响你产品后面的销量。

因此,文案人员也需要特别懂微商,要随时随地想到新的创意。微商文案人员很辛苦,没有固定的工作时间,需要随时提供不同的文案。

### (3)策划

微商产品,在不同的节日,有不同的活动,结合不同的供应链,也要做不同的活动。

为了有充分准备的时间,微商活动的策划最好提前一个月做。并且，针对不同的级别要做不同的策划。

活动策划要根据不同的节日策划不同的活动。比如，国庆活动、双十一活动、春节活动，以及其他的一些活动。

必须要有策划。如果你这边没有活动策划，而别人那边有相应的活动策划，那么你团队的人就会有失落感。为什么别的品牌有活动策划，而我代理的品牌没有？

我和我的团队做过很多活动策划，特别是做线下的一些策划活动的，我们都会提前一个月或两个月做准备。

比如做一场产品发布会，我们会提前一两个月选好活动地址，做好现场布置，包括展架、横幅、音响、受邀约的人、嘉宾和意向客户等各方面，都要提前做好策划，做好准备工作。

策划，不仅要策划线上活动，还要策划线下活动。

线上活动包括一系列的节日活动，还包括我们平时要做的一些促销活动和培训活动。

当然，策划要跟培训相匹配和互相交替进行的。每做完一个活动，一般都会有一场培训。做完一个培训，后续就会有相应的活动。

现在流行的线下活动，主要包括裂变会、发布会、招商会或事业说明会、分享会等。当然，我们作为策划方，要提前把线下活动跟操盘手或是品牌方沟通好，做好策划。比如开年会时，我们至少要提前两个月，把这个策划部署好。

### （4）控价部门

控价部门也叫稽查部，这个部门的作用是管理产品价格，防止有人乱定价。

许多微商企业做到后面，会经常有乱价的情况出现。因此，成立控价部门是必不可少的，同时，我们还需要给每个产品贴一个防伪码。

控价部门是管理有人乱价，防伪码可以根据这个码进行追溯，可以找到是谁发的货，乱定价的人是谁，或是哪个团队。

当然，防伪码分内包装和外包装。这样的话，就算有人把外面的防伪码刮掉，里面还有一层防伪码。

有了这样的双重保险，发现问题，随时解决问题，对相关人员进行公开和批评。这样才能让我们的代理有信心，跟着我们去挣钱，去创业。

一般情况下，广州、义乌、郑州和临昕这四个城市，是很容易出现乱价现象的地方。

### （5）发货部门

微商产品，除了策划活动，做好美工、文案等一系列准备以外，发货部门也是非常重要的。

如何控制发货速度和库存量，才能做到不要多货也不要少发货。团队发展到不同时期，如何控制产品库存。这些问题，都是发货部门的责任。

发货部门要找到团队的问题，更好地控制发货节奏，能够以最快的速度将货发送出去。而且在发货的时候，发货部门要提前做好一些素材的收集工作，比如拍照、拍视频、拍大货车，等等。这些工作都可以让我们代理进行宣传造势。

所以，发货部门的责任，就是控制好库存，控制发货量和速度，不能经常欠货、拖货或者是发错货。

### （6）客服部

微商做到后期，要面对的是全国各地的代理，产品在运营过程中，会有很多人来咨询相关问题。因此，要提前成立一个客服部门，做好客服工作。

如果自己公司有直营的客服，我们就要教会客服如何转化客户，教会她们相关话术。

随着客户人数的激增，客服要及时跟进客户。不能说我们现在已经服务了十几万的经销商，却只有一两个客服，这样，客服的工作量会很大，并且服务也不到位。

同时，我们的客服部要做好产品的基本知识宣传，比如说产品的百问百答。我们还要对客服人员进行话术培训，为他们提供产品统一的对外宣传资料。不能这个代理说一套，那个代理说一套，这样很容易引起混乱。

我们的客服部是公司形象对外展示的窗口。我们所有的宣发材料要统一，与客户的沟通以及与意向代理的交流，都要有统一的模板。

# 第三章

## 符合趋势的微商模式

【本章导读】

直营微商是企业自己管理招商经理和渠道经理。企业负责通过各方面资源，把意向客户引流过来，然后把意向客户交给招商经理去谈判和沟通，最后成交。

注重现有资源的客户裂变。服务好一个客户，他能给我们带来5个客户。

代理微商，是商机+卖货，将两者有机地结合在一起。

代理微商模式，它一半是在卖创业机会，一半是在卖货。

只有团队+外部团队，两者相结合，你的品牌才会走得更长远一点儿。

品牌方要学会和专业的会销机构合作，他们的专业会帮助你把业绩提升上来。

## 1. 直营微商模式分析

什么是直营微商?

直营微商不只是企业养一批员工,让每个员工管理若干个微信号去卖产品。

这只是第一层意思,就是企业负责对接管理最高级别微商代理,对他们统一培训,然后让他们利用企业的各种资源,去发展、管理下面的代理商。

其实,直营微商是企业自己管理招商经理和渠道经理。

企业负责通过各方面资源，把意向客户引流过来，然后把意向客户交给招商经理去谈判和沟通，最后成交。

同时，招商经理也要利用自己的人脉资源，努力去开发各类意向客户，定期举行营销会议，去成交意向客户。

而渠道经理是各经销商与公司沟通的桥梁，负责经销商或者代理商的日常管理工作，为他们提供营销模式、物资资料等方面的服务。

### （1）直营模式的一些加分方法

注重系统管理，提高复购率，想办法让老客户提高68%的回头率。同时注重现有资源的客户裂变。只要服务好现有用户，就会产生很大价值。服务好一个客户，他能给我们带来5个客户。

充分利用和重视员工的私人号，让他们利用现有粉丝可以先做起来。

通过各种方式狂加友，比如公众号上吸引来的粉丝，就要想办法把他们添加到微信好友，将他们的数据统计入库，然后设计不同的环节，想办法变现，去促成后期的交易。

我们用微信号做营销时，发的朋友圈可以适当允许试小错。然后不断地更换营销方式去做营销，找到正确的、合适的方法。

微信朋友圈获取好友的成本，大概一个粉丝 3~5 元。你可以倾尽全力地想办法去添加好友。在加好友时，要把握好时间节点。

找到正确的加粉方法后，我们就可以大批量添加好友了。甚至可以借钱投入，添加好友。

要对员工进行培训，如何和粉丝沟通，才能引起粉丝的注意，不让粉丝主动删除自己。

一分耕耘一分收获。只有多付出一点儿，才能多收获一点儿。

打造营销模式，然后复制，才能赚大钱。

微商里面，有很多公司都在做直营微商。特别是原来的一些电商公司、自媒体公司，他们自己有粉丝、有数据，他们会直接去做直营微商。

当然,他们的起步,是做减肥和保健等黑五类产品,因为这些产品比较好做,起步容易、见效快。不过现在随着微商环境的整治,这些产品已经没有这么快速的发展和生存空间了。

### (2)直营微商的一些管理办法

直营微商就像一个企业的销量部门,是用企业文化管人心,用系统管员工动作。

企业文化是第一生产力。要鼓励员工一路从黑马到销冠,逐级上升,目标感强烈,最后升级到大满贯,可以直接送国外游,以此作为激励。

要关心踏实肯干的客户,不让雷锋吃亏;要重奖爱分享的人,爱把自己的工作经验分享给大家的雷锋,只有这样的人,才能竞争上升。

要让员工懂得,有付出,就有回报。

要做到无缝沟通,你要收集员工的各类反馈意见,及时向老板汇报,解决问题。

要有作弊零容忍的度量。特别是对于销售部门，有可能会出现虚假订单的现象，一定要见一次罚一次。第一次罚500元，第二次辞退。

要明白战斗力+凝聚力=威力。

只有员工自己的目标感很强，你管理起来才会相对很轻松。另外还要做到高处罚和高奖励并行。

直营微商要懂得目标管理，对员工要奖罚分明。要明白，战斗力是奖出来的，执行力是惩罚出来的。

可以缩短奖励周期，奖金可以每天发，大家的战斗力就会成倍增加。比如，营业额6000元奖励60元，7000元奖励70元，上不封顶。

同时，还要对团队进行激励。哪个团队当月做得好，可以全员发奖金。

总之，凡是逻辑上讲得通的东西，微商都可以将它系统化。同时，系统要不断升级，持续迭代优化。同时，你必须看每周工作总结，然后对发现的问题进行解决和优化。

当然，还要把优化的环节都摆出来。

总之，直营微商，要把所有的粉丝转化到企业的私人号，转给销售。然后对他们进行培训管理，让他们对自己的产品认识、信任，然后再销售产品。

同时，要学会尊重自己的产品，学会正确引导客户，让他们对产品的使用效果进行反馈，发朋友圈，才便于客户裂变，便于客户转介绍新客户，最终对自己无限信任，成为自己产品的铁杆粉丝。

当然，在话术引导方面、专业培训方面，都要有专门的教材，请专人进行培训。

### （3）用户如何导入企业私人号

可以由文案组结合实际销售中遇到的问题，编撰培训教材，做成专门沟通话术。然后让直营人员一对一或者在微信群内沟通，不让客户对自己产生反感。

直销人员要多和客户沟通，不只是问他们要什么产品，不要什么产品。要聊一些他们感兴趣的话题，想办法和客户交朋友。

直销人员要在朋友圈里和所有粉丝互动，每一名直销人员，要同时还是一名文案高手，随时随地想出优质产品文案和沟通话术。

## 2. 代理微商模式分析

代理微商模式其实很简单，就是分几种级别、分几种等级，比如我们有联创、总代以及官方之类的一些级别。

代理微商一般都是四个级别，甚至更多。以南烛叶为例，它的代理层级是这样的：

南烛叶的全国统一零售价：59元\盒，共分联创、官方、总代和特约四个层级，并且给了代理详细的产品说明和层级价格体系，严格代理制度，不允许擅自降价扰乱市场。

联创：进货价 19 元\盒，一次性进货 3600 盒；以后单次补货 240 盒起，需要交纳保证金；

官方：进货价 29 元\盒，一次性进货 480 盒；以后单次补货 120 盒起，需要交纳保证金；

总代：进货价 35 元\盒，一次性进货 60 盒；以后单次补货 30 盒起，无保证金；

特约：进货价 42 元\盒，一次性进货 5 盒；以后单次补货 5 盒起，无保证金。

代理微商的层级，其实和传统企业线下批发渠道类似。而微商的本质是线上批发。

微商，其实发生在商业中的是渠道变革。每个级别的代理，相当于原来传统渠道的省代、市代、县代和区代。代理微商，是商机+卖货，将两者有机地结合在一起。

当我们一个盘在下跌的时候，我们要去思考如何通过做活动，通过线下活动、其他的一些发布会，或者是做一些客户裂变会、促销活动等，把产品销量拉上来。

## 3. 直营加代理模式分析

直营微商，一般是品牌方拥有自己的微信公众号，还有一些其他的公众大号和地方号等。每一个号的粉丝都在几十万或者上百万以上，一般拥有几十个、上百个微信号后，他们才会去运营。

这样的运营方式，对直营微商来说，比较简单、直接和粗暴。他们直接通过微信朋友圈的宣传，就能进行产品销售，不需要中间的代理制度。

直营模式做得好的，3年前有一家公司创业，开始只有

6个人,到现在,发展员工将近两千人,营业额有几十个亿,规模非常大。

直营模式,第一个方法是在线上做一些宣传,第二个方法是在线下吸粉。比如你可以在各大商场、大超市里面,放一些打印照片的机器。客户只要扫描二维码去打印照片,客户的相关资料就直接转化到你的平台上去。

代理微商,目前还是整个微商行业的一个主流。只有这种模式,才会让你持续不断地去卖货。其实现在有很多平台,不管是微商,还是其他的新微商模式,对代理微商模式的冲击,都不大。

这是为什么呢?因为微商发展到现在,大家都发现了,不管哪一种模式,最后还是代理微商真正去卖货,真正去发展团队,这样才能做得长远。

代理微商模式,它一半是在卖创业机会,一半是在卖货。

代理通过微商、微信、微博、移动互联网等方面的宣传,对产品进行宣传,和朋友进行分享,然后将产品卖出去。

同时,只要是一个好产品,你分享出来后,会有很多人觉得这是一个好的商机，所以想做代理。其实，这就像我们传统渠道的销售，下面设有省代、市代和县代等。

只要你的产品质量好，使用效果好，他们都想把这个作为自己的一个创业机会，去赚钱。

我们通过这种线上渠道，进行分享，进行裂变传播，就慢慢诞生了微商总代理制度。其实你需要做的事情非常简单，就是你自己根据多少量，拿多少货。

比如，现在我只能一次性拿 10 盒产品，我就先做一个低级别的代理；我一次性能拿 100 盒产品，就从中级别的代理做起；我能拿 1000 盒产品，我就直接做最高级别的代理。实际上这是非常简单的一种方式，你有多少货，有多少量，就按什么价格得到产品。

其实，直营微商 + 代理微商的模式，对一个品牌方来说相对比较稳定。

如果你只有一种代理微商的模式，你有可能要被代理牵着走。如果你自己也同时在做直营，你首先就保证了自己有稳定的流量。你可以自己把流量慢慢转化为你产品的代理，这是属于你自己的一个微商团队。

因此，只有团队+外部团队，两者相结合，你的品牌才会走得更长远一点儿。

所以，作为一名操盘手，不管是现在还是将来，你必须要对直营微商了解一些，能够通过各种渠道，将一些流量引入进来，同时有效地去转化为自己的代理，让自己以及身边的一些核心成员都成为成交手。

这个成交手，就是把引来的流量去成交，成为我们的代理，成为低级别代理或者高级别代理。你要能去成交，这种成交不是别的代理做到的，而是我们自己，或者是培养出一批优秀的代理然后去做成交。

## 4. 会销微商模式分析

会销微商,是这两年微商产品的一个落地趋势。

微商经过这几年的发展,现在光靠线上发展,已经有点儿乏力,最终你的微商品牌要做好,还需要落地。

因此,会销微商这种模式就应运而生。会销微商的特点,是能够很好地面对面地和代理沟通,还能邀请一些非常厉害的老师跟代理讲课。大家听明白了这个产品,也看到了商机,他会现场做决定。

会销能力比较强的一些微商品牌和操盘手，他们能够继续在微商大行情下招商，而且每场能够收上千万、上亿，都是有可能的。

而原来的一些会销公司、培训公司，他们对会销比较擅长，他们可以结合他们的模式，加上一个好的产品或者一个好的公司、一个好的品牌来运营，这样更会事半功倍，更加的得心应手。

现在很多的微商代理，他们选择一个项目时，不会那么的匆忙和草率，不会只在线上看见你的朋友圈宣传，就会一下子投资几万或者几十万去做你这个项目，他们会想在线下跟你见面，跟你沟通，具体了解。

因此，会销落地，是现在招商比较好的方式之一。正因为如此，会销微商现在做得是风生水起，各产品的分享会或者是招商会，在全国各地纷纷召开。

南烛叶在会销这一块就做得非常好，几乎每个月都有一场招商会。强大的会销让其团队越来越大。代理通过线下的学习、培训，也成长得非常快。500人以上的会议，南烛叶有时候一个月会连开5场，不仅取得了良好的业绩，更是让团队的人信心满满。

在会销这块，品牌方要学会和专业的会销机构合作，他们的专业会帮助你把业绩提升上来。很多品牌开了会议，却没有收到好的效果，大部分是因为自己会销的不专业导致的。

奇迹营销是一家专注会销研发、会销招商、会销落地公司是中国微商会销第一品牌。他们的会销系统包含：会销招商系统；会销出纲系统；团队打造系统。

为品牌方提供完善的会销体系，助力品牌腾飞。

公司自2011年成立以来，先后服务品牌商超过2000家，完成各类会销超过30000场。公司有强大的会销团队阵容，累计70位会销讲师，秉承客户第一的宗旨，赢得客户的一致好评。在7年内屡屡创下辉煌业绩。

摩能国际、蜗蜗集团、奢悦、蚂蚁农场、一叶子、涵曦、汴禧等大公司、大品牌相继与奇迹营销强强联手，硕果累累。

他们只做结果，为客户创造价值。
就像他们的口号："开会选奇迹，成交没商量"。他们的成交能力真的很强，能很好地帮助品牌做好会销的业绩。

# 第四章

## 微商代理制度的制定

【本章导读】

操盘手一定要有一套非常完善的微商代理制度。这个微商代理制度是微商团队最核心的制度之一。

因为这个代理制度，决定了你这个团队未来能够走多远，能够做多大，决定了你的品牌未来的发展趋势。

如果这个代理制度开始时没有设立好，发展到后来，你就会发现代理和代理之间的发展动力不够强大，团队卖货的动力也不强大。

一个好的代理制度，能够让你在不知不觉中就已经把产品销售出去了；一个不好的代理制度，哪怕你的产品再好，你也有可能会发现，你起盘那么难，你的代理发展不起来，你的招商进度很慢。

这些，都是因为你的代理制度和接下来的奖励制度不够好、不够完善。

# 1. 起盘代理制度的制定

### 第一，我们要有个明确定价

有些操盘手，他们将产品价格定得过高，有些又把价格定得过低。这些都是不对的。

如果定价过高，这个价格对销售终端的动销很困难。别人会觉得你的产品价格太高，会让人不想买，或者是嫌贵，觉得性价比不高。但如果你定价太低，就影响了品牌方和你自己整个盘的利润空间。

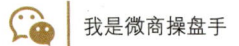 我是微商操盘手

因此，对产品的终端定价是一门艺术。

我们要针对现有的一个竞品，比如说我们的竞争对手的产品，参考他们的定价，去定自己产品的价格。同时，还要根据我们的运作市场成本去定价。

这就要求，我们一定要把竞争对手的市场调查清楚，只有这样我们才会心里有数，才能知道那些知名品牌的价格；才能知道竞争对手的产品价格。

只有这样，你在操盘的时候，你在给你的代理和团队营销宣传的时候，才会知己知彼，百战百胜，才会有底气，才能不被动。

有些操盘手，问都没有问过对手产品的价格，也没有了解过知名品牌的价格，自己在家闭门造车，想当然地随便定一个价格。

结果就是，产品一推向市场，就碰到了各种各样的困难。代理商会觉得你的产品价格不行，他会考虑，是不是自己前期没有慎重的考虑，经销这个产品太随意了，要打退堂鼓。如果这样，只会让自己越来越被动。

## 第二，我们在制定代理制度的时候，要遵循几个原则

（1）产品代理的最高级别，是要给他们留下足够的利润空间

只有这样，他们才会有动力和能力，去招下一级别的代理。否则，如果最高级别代理的利润空间不够，他们招商的动力是没有的，也不行的，招不到代理。

还有就是产品整体招商的营业额。对于一些微商品牌，2016 年，或者 2015 年的时候，他们收几十万、一两百万还能收得到，但微商发展到 2017 年，有时候收一二十万都很难。

因此，我们制定最高代理制总金额时要全面考虑。我们可以适当地降低，一般金额控制在 10 万元以内，比如说五六万元，甚至是两三万元。这要根据你产品的一个整体综合考量。

代理的总金额＝进货价 * 进货量。因此，最高级代理金额的制定，要根据这两个因素浮动。

我们在跟品牌方项目起盘时,经常要合算很多次。不是外人想得那么简单,心里随便想着一个数字,就可以作为定价。这个定价需要你不断地反复推敲,那推敲包含哪几个方面?

要考虑到产品一整箱的数量以及产品单价。就比如现在我正在做的这款南烛叶的产品。这款产品,最高级别的拿货价是 80 元/盒。如果一箱是 20 小盒产品,一箱就是 1600 元。这样的价格一般人还是可以接受的。

如果一大箱是 40 小盒产品,那一箱就是 3200 元。这样的进货价格,相对比较高。因为一箱货,你还要考虑到所有代理级别。

(2)代理要分几个级别

最低级别的代理,一般是团购消费者,价格要控制在 500 元左右。

第二个级别的代理,一般是想自己尝试着创业的人,价格要控制在 3000 元左右为好。

第三个级别的代理,他们是一群有干劲、有想法的创业者。因此，这个级别的代理价格，一般是在一万多元或者是两万元左右。

第四个级别是最高级别，这群人是真正的核心创业者，是我们的高层人员。我们需要和他们捆绑在一起，而他们也愿意跟我们捆绑在一起。

还有，一箱货的重量，也不能太重。因为我们很多创业者是女性，以宝妈为主，如果一箱货太重，比如说超过20千克，她们大概都搬不动。

这个虽然是一个小细节，一个小技巧，但只要你是一名顶级操盘手，这些环节都要考虑到。

一般的微商就是四个层级的代理体系。每一个层级，我们都要核算一下，每个级别招下面一个级别或者是最高级招下面一个级别的时候，他们的利润空间是否足够，他们的动力是否足够。

如果利润不够、动力不够，那么这个整体的代理制度表的设定，就是非常失败的。

## 2. 起盘奖励制度的制订

当你作为一名操盘手,操盘一个微商项目,把整个代理制度设定好之后,实际上大家对你这个刚刚起盘的项目是非常期待的。而且你在起盘的时候,应该是你最优惠、最有福利的时候。

因此,这个项目能否持续发展,接下来,就要看你对团队、对代理奖励制度的设定是否合理了。

你应该把奖励制度设定到最佳状态,因为作为操盘手,应该要清楚,一个微商项目的起盘时间,一般是3个月之内。

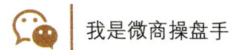 我是微商操盘手

如果3个月之内这个项目还没有做起来,那么你这个项目起盘基本上算是失败了,不会再有什么大的起色了。

这就是说,作为一名项目操盘手,你应该把前面3个月的奖励政策做足,这样才能吸引更多人进来。

一个起盘奖励制度,我们要通过多方面去制定。那主要要考虑哪几个方面呢?

第一,送手机

送手机是现在微商团队最流行的一种,比如苹果手机,或者是美图手机。

第二,送旅游

可以送优秀的团队泰国游、日韩游、欧洲游、印尼游和巴厘岛游等。

第二,送培训

现在很多微商的代理和一些团队,他们对培训比较看重,所以,你可以送一些线下的培训或者是送一些高级课程。

这些,也是能够吸引到代理或者团队的。

还有一些培训,可以和北大、清华、哈佛等联合,这些都是我们做项目起盘的一个福利奖励。

### 第四、送前期奖励制度

这是指卡位,就是核心的一个卡位。

什么叫卡位?卡位就是一个优惠活动。比如,我们现在是 28 万元、8 万元、2 万元的一个级别。那你通过优惠活动,只要在限定时间内,付 8 万元可以享受 28 万元级别的代理,付 2 万元可以享受 8 万元级别的代理,付 3000 元可以享受 2 万元级别的代理。

这些优惠,都是我们微商项目起盘期的一些奖励。我们要把奖励制度制定得非常充足,才能把整体的盘做得足够诱惑。

同时,我们在制定奖励的时候,还要同时考虑到宣传团队的核心实力。比如说我们的操盘手、公司品牌方、服务人员、工作人员、总监之类的,他们的实力都要足够好,这样才能够让人真正地愿意去接触你这些奖励。

 我是微商操盘手

因为这些奖励对他们而言,有的很诱惑,有的不够诱惑。真的够诱惑的,是来源于对你公司团队的一个认可。

当然还有其他奖励,比如送你一个发布会资格,可以包吃包住;比如送你和明星现场合影、签字的机会,因为现在起盘,大多会举办一场明星发布会。

明星对一些团队是很有诱惑力的,因为一些微商小白和团队可能从来没有见过明星,比如林志颖或者其他一些大牌明星。

这些明星,传统的微商创业是很难见到他们的。但是如果通过一个品牌发布会,请一些明星光临现场,实际上许多人还是很乐意过来的。

如果要请明星出场,需要请几个明星,请哪个级别的明星,你作为起盘手,都要通盘考虑清楚。如果你有这方面的资源,都要尽量用起来。明星资源的福利,跟他合影甚至跟他单独合影,这些都是奖励和福利。

微商项目的一个起盘,它的奖励制度和福利,你都要把它做充足。

当你的代理制度制定好之后，需要一个稳定的微商系统，为你的品牌以及代理做好服务。良好的微商系统，能够很好地帮助你建立团队的各类信息，让团队更好地发展。

# 微商品牌
# 如何借助系统提升品牌回款效率

微商发展到 2018 年，已经进入了精益运营的时代。一个没有运营团队的品牌，是完全不能够在这个时代存活下去的。

那么，有运营团队之后，还需要有运营方案和运营系统来支持。对于传统企业老板来说，系统是一家公司的生存之本，CRM 系统、ERP 系统、进销存系统，等等。

那么，对微商企业来说，我们如何借助系统来提升回款效率呢？

### （1）系统造势

做微商，和传统企业最大的区别就是，做微商只需要强大自己，吸引人来加入你。而在 2018 年的品牌竞争中，造势是形成品牌形象最快、最简单的方式。而我们系统可以支持微商运营九大核心方案。

以此刷圈造势，吸引代理加入，作为代理决策的一个核心内容。

### （2）模式优化

一个微商品牌选择系统，必须要考虑的一个核心问题，就是品牌方的顶层模式，代理返利系统是否可以支持。而对于这个问题，九大星王的每一个品牌的顶层设计和返利都是独立开发的，完全是按照每个品牌方的需求做定制。当然，我们有 300 多家微商系统的经验，也可以给到品牌方很多建议，因为很多很明显的缺陷，是品牌方看不到的。那么这个建议的价值，就远远超过了系统本身的价值。因为我们懂微商、懂模式，所以我们系统能够懂微商。

### (3) 引流

很多微商品牌起盘最愁的事儿就是引流。对很多有优秀产品的品牌方来说，产品的复购很高，我们就可以做9.9元包邮免费送试用装的活动。品牌方发布一个可以直接在线支持的产品，然后代理商可以下载自己专属的宣传海报，用户识别海报二维码直接微信支持购买，然后公司直接发货后，用户可以收到发货提醒，点击可以查询物流信息。

在此基础上，我们还添加了用户购买后直接进行抽奖以及代理商按销售排行领取奖励。

当然，以上只是我们其中的一个引流功能而已。

### (4) 成交

所有成交的核心，都在于信任的养成。而我们系统可以让代理商把所有的意向客户都归集到品牌方公众号，但是用户只能联系到推荐的代理商，那么公司就可以统一发文对这批意向客户进行信任的养成，最终在代理的跟进下成交。

### （5）团队管理

管理是系统的核心功能，没有之一，主要可以解决代理授权、报单以及防伪控价和返利的问题。提升公司和代理商的工作效率。一年时间，至少可以节省2个客服和财务的成本。

### （6）营销活动

对微商品牌来说，没有活动，代理就不下单。所以节点式的营销活动，是促进代理下单补货的绝佳方案。一年多以来，根据不同品牌方策划的不同活动，我们通过系统去支持他们，让更多的人更直接地参与进来，达到一个更好的营销效果。

### （7）返利计算

系统是用来解决代理和品牌方之间影响感情的事情。算账绝对是影响感情的事情了，毕竟谈钱伤感情嘛。我们也会根据不同品牌方不同的返利需求开发对应的反复计算功能，而且发奖金是增加感情的事情，所以我们是只做报表，返利需要双方自行结算。

### （8）零售动销

零售动销对微商来说，是生死存亡的关键环节，没有动销的品牌是没办法长久的。我们系统就结合上百个品牌方的动销活动，做了零售扫码抽奖活动、扫码抢红包活动、买赠活动等。当然，也可以根据品牌方具体的动销活动做系统支撑，帮助品牌方100%动销。

总的来说，最适合微商的系统，会从管理、营销、运营3个维度帮助品牌全面提升回款效率。

系统只帮品牌方做两件事情：第一是建立联系，第二是解决伤感情的事情。

当然，作为系统方，我们只是工具，绝对不会强迫用户，也不会帮用户做选择。

九大星王系统，能够很好地整合微商和系统，帮助微商品牌实现利润倍增。

## 3. 不同阶段的奖励制度

项目起盘的奖励制度一定要是非常丰厚的，因为这是项目起盘，是第一个阶段。

但是当我们这个项目的盘，经过3个月的运营，已经稳定发展了，这个时候，我们就要开始把福利稍微调一下，降低福利。因为这些福利都是针对前期启动的时候制订的，比如到了后期，就可能送手机没有了，送旅游也没有了，送各种福利的都没有了。

因此，项目发展到了第二个阶段，我们要设定一些更

加实在的东西,可以送代理或团队一些好的培训、一些线上的优惠活动等,这些都是我们在这个阶段要做的。

项目发展到了第三个阶段,已经到一定高峰了,我们这个奖励政策还要调整,可以做业绩累计奖励。比如,原来大家都没有业绩,业绩都为零,但现在我们能够一直做到50万元、100万元,甚至是300万元、500万元的时候,我们要有一个配套的业绩奖励制度。

项目发展到这个阶段,这个业绩奖励,很多操盘手都会制定得非常丰富,比如,送豪车、送豪宅,比如说业绩达到30万元,我们送一辆价值10万元的车。作为后期的一个奖励,都可以去制定的。

针对项目的持续发展,在不同的阶段,我们制定的奖励政策应该是不一样的,不能一概而论。

你作为一名操盘手,不能说把前面起盘的奖励做完之后,中期和后期就不管不问了。如果这样子,你也不是一名合格的操盘手。

如果你做不到这些,这个项目即使前期发展良好,你能够收到几百万、上千万,但项目发展到了中后期,没有整体的运营和策划，没有整体的奖励机制，就不能带动你的团队持续、稳定地向前发展。

## 4. 团队的后期奖励制度

大家都知道，一个微商品牌的火热度可能只有一年、两年，最多三年左右，针对项目后期团队的奖励，我们应该上升到更高的一个境界，除了物质奖励之外，精神奖励、提成奖励也要同步跟上。

精神奖励我们可能会分很多，比如说去哈佛、北大、清华学习参观，这也是一种精神层面奖励。还有，我们可以做一个家庭奖励，比如现在有的一些项目盘，有一些微商品牌，除了奖励代理，还能够让他的家人一起去旅游。

还有，我们会做一些慈善的活动，例如爱心捐赠等，这些都是更高精神层面的奖励，而且只有这样，才能把我们的团队更好地凝聚在一起。

# 第五章

## 公司团队培训制度

我是微商操盘手

【本章导读】

线上培训，就是根据低级代理、中级代理和高级代理的代理级别的不同，分开进行的不同层次的培训。

线下培训，就是要定期请一些专家或者知名度高的老师，来给团队和代理做培训。这样可以让大家面对面地交流，面对面地学习。

代理或者特约代理通过专业的、系统的培训，就可能有20%或30%的转化率。

微商公司团队的培训至关重要，尤其对操盘手而言，你要做一个系统的分为线上跟线下的培训。

高级代理是公司最核心的人员、最核心的代理。

高级代理的素质和管理能力，决定了整个盘的关键力和整个盘的未来。

超级讲师班的培训，就是专门针对高级代理，如何通过培训，提升自己的管理能力；如何通过培训，能够自己去招商；如何通过培训，能够直接地在线上讲课、开公开课。

# 1. 线上、线下培训制度的设立

关于这个培训制度,太多的微商品牌和操盘手都是抱着随心所欲的态度,想做的时候就做,不想做的时候就不做,甚至是根本就没有。

如果是这样,你的品牌以及你的团队很难建立。因此,我们需要建立一个完善的线上、线下培训制度。

线上培训,就是根据低级代理、中级代理和高级代理的代理级别的不同,分开进行的不同层次的培训。

线下培训，就是定期请一些专家或者知名度高的老师，来给团队和代理做培训。这样可以让大家面对面地交流，面对面地学习。

培训的形式多样，我们要根据不同的情况、不同的阶段去做不同的培训。

## 2. 低级代理培训制度的设立

低级别代理，因为他们刚刚选择了你这个品牌，选择了你这个产品，实际上他们是抱着试探的心理。

他们的这种试探心理，实际上是可做可不做，他们并没有把你这个项目当作自己的事业，而是出于一种好玩心理或者使用试试的心理。因此严格意义上来讲，这一类人，我们应该叫他们消费者，而不是创业者。

所以，我们要通过新人培训，让他们真正地了解我们这个产品，了解我们这个模式，了解我们这个公司。让他们真正地把握机会，从消费者成为创业者。

比如，现在比较流行的七天培训和五天培训，但一定要制定出相应的培训内容。否则，时间浪费了，培训也没有一点儿效果。

还有，低级别代理的人数比较多，我们要通过几轮的筛选，通过几轮的培训，让他们真正了解了我们公司之后，让他们下定决心能够升级到中级代理，甚至升级为高级代理。

如果这一步的培训工作，我们做得好，就是我们的一个生命线。因为低级别代理人数多，如果我们现在有 5 万、10 万的低级别代理或者特约代理，通过专业的、系统的培训，就可能有 20% 或 30% 的转化率。那么，整个盘都是非常稳当的。

一些品牌在操盘的时候，甚至会专门培养成交手。培养成交手，让他们通过培训低级别代理，然后专门转化、孵化。

## 3. 中级代理培训制度的设立

中级代理,是项目整个盘的中坚力量。

因为中级代理如果再稍微努力,就能够发展成为高级代理。而且他们对应的是他们的特约代理和一些低级别的代理,起到承上启下的作用。

针对这一部分的代理,我们需要通过中级代理培训,提升他们的管理能力和销售能力,去管理那些下级代理。

这种针对中级代理的培训,跟高级代理的培训类似,没有低级代理的培训那么严格。他们需要照顾的面更广一些，因为我们在培训的时候，要想方设法地让这部分中坚力量升级到高级代理。

我们要考虑他们为什么还没有做我们的最高级代理，是因为他们现在对产品或者模式的信任度还没达到一定的高度，还是什么原因。

所以，对中级代理的培训重点，应该是让他们树立信心以及让他们下定决心选择我们这个项目，选择我们这个品牌。同时可以让高级别代理去带动他们，让他们升级，当然同时还要兼顾下面的代理。

## 4. 高级代理培训制度的设立

微商公司团队的培训至关重要,尤其对操盘手而言,你要做一个系统的培训,这个培训分为线上跟线下。

而针对我们的高级代理,不仅要有线上的培训,而且要有线下的培训,要线上线下相结合。线下培训,包括我们自己公司提供的各种旅游之类的福利。这些培训,要注意以下几点:

第一，线下培训

公司可以结合会销的形式进行，我们可以邀请一些非常知名的培训老师，讲销售以及成交课。在培训高级代理的同时，也能进行一些销售，能够把一些低级别的代理带到会场来，让他们通过学习，觉得公司的产品特别好，觉得公司的培训特别好，他们也会加入。

因此，高级代理的培训重点，是要培养他们整体的管理能力和销售能力，这些是我们整个盘的核心，如果你的高级代理都不会销售、不会管理、不会培训，这个盘是非常危险的。

作为操盘手，我们应该要时刻地想着如何提高和培养高级代理。

高级代理的素质和管理能力，决定了整个盘的关键力和整个盘的未来。所以，对高级代理，我们要进行定期培训。可以一个季度培训一次，也可以一年培训一次。

对高级代理进行培训，需要公司提供一系列系统的规划和培训。

只有这样，我们的代理才会觉得公司非常有实力。公司能够不停地教他们，能够不停地邀约一些好的、厉害的老师，或者是能借助别的好的培训机构，或者北大、清华一些好的培训课程。这些，我们作为公司和品牌方或操盘手，都可以提供给高级代理。

### 第二，线上培训

线上培训一定要区别开来，现在很多微商团队的培训，大概有新人培训、小白培训这些课程。这些课程需要我们区别对待。高级代理跟我们是不一样的，他们是我们公司最核心的人员、最核心的代理。

对于高级代理，我们应该邀请更厉害的老师或者是做一些更有规格的培训，才能让他们真正在线上学到东西。他们自己发朋友圈去宣传时，也会觉得不错，不是简单的小白课程。

我们的公司培训，要跟别的品牌区别开来。因此，作为一名操盘手，必须要重视。线上的培训一定要独树一格。我可以重点推荐，做一个超级讲师班的培训。

超级讲师班的培训，就是专门针对我们高级代理，可以如何通过培训，提升自己的管理能力；如何通过培训，能够自己去招商；如何通过培训，能够直接地在线上讲课、开公开课。

对微商而言，线上的公开课非常重要。线上公开课，也叫公开招商课。这种公开招商课，我们的高级代理应该要培养出 30 个、50 个甚至更多一些，让他们能够单独地去开课、去建群，然后去招商。

这样，我们应该邀请更厉害的老师或者是自己做操盘手，有这么强大的一个培训能力，就能够教会他们。即使这 30 个、50 个人，我们还要进行淘汰，淘汰出最后的十几位，培养出一个挑选出来的培训精英团队，然后让他们能够开招商课，让他们能够参与我们的新人培训，做导师。

# 第六章

选择适合的招商会

我是微商操盘手

【本章导读】

作为一名操盘手,我们要清楚,我们是微商,是通过移动互联网进行线上的成交、招商。

线上的招商方案,一定要靠量,量大才是关键。因此,前期我们要针对线上起盘做整体招商方案,通过直播现场、微信群讲公开课,真正去招商。

一场成功的线下发布会,需要提前两个月,甚至更长的时间去做准备,我们的人力、物力和我们的创意,都需要提前做好布置。

线下发布会,我们应该把成交率做得比较高,这样大家会更有信心地去参与这个项目。因此,第一次发布会至关重要。

只有源源不断的流量才能让你的微商事业越做越好,越做越大,这就需要去吸粉,需要去引流。所以地推也是一种方式,能够通过扫码赠送小礼品,会有更多的人去扫你的二维码,以后再去转化。

实体微商,是我们作为操盘手、品牌方一定要非常重视的一个环节。微商品牌能够做好实体方案的时候,就能够快速地发展成几十家、上百家、上千家。

## 1. 前期起盘线上的招商方案

微信，互联网时代的一处风口，已经让无数的创业者、商家、媒体成功御风抟扶摇而上九万里，在时代的转型期平地崛起。

微商在经过了试探期、混乱期，到如今已发展为能清晰可见的巨大微商市场。经历了优胜劣汰，淘汰了无数小微商，留下一批高质量微商之后，随着政策、秩序在不断规范，即将到来的将是微商更往红利高峰发展的时期，大浪淘沙之后才是真正的商业蓝海。

在大数据时代的今天，最有力的传播方式必定是最能吸引流量和用户注意力的，这莫过于视频传播。视频形式的直观性、多样性为品牌广告营销提供了丰富的可能性及传播机会，品牌元素与视频内容的精准结合更催生出了更具价值的营销方式——视频营销。

公众号引流，公众号是聚集粉丝的一个利器。公众号分为两种，一种是服务号，一种是订阅号。服务号主要发公司的一些重要的事情，比如，招商，产品的使用。订阅号主要是造内容聚拢粉丝。这样，一来是方便分享知识，二来方便他们增强别人对他们的信赖感。

新闻营销有一个最大的好处就是收录。有一次，我们的一个新闻被今日头条的 APP 端以新闻源的形式收录了，结果引来了 800 多个粉丝，成交跟转化非常高。

做微商，朋友圈宣传和造势是必不可少的。朋友圈就是借助免费的宣传渠道，让更多的人去了解你这个产品，让更多的人知道你这个项目，从而加入你这个项目。

我们作为操盘手应该要更好地去嫁接一些线下的培训、裂变会，让代理通过线下的学习、成长，变得更强大，这样团队管理才会更有黏性。

作为操盘手,我们要清楚,我们是微商,是通过移动互联网进行线上的成交、招商。所以,我们要把线上的招商方案做好。

线上的招商方案,一定要靠量,量大才是关键。如果我们现在只有一个微信群,裂变的速度就会比较慢。而如果我们能够建立更多的微信群,有很多意向客户和代理招商群,那么我们裂变的速度就非常快。

因此,前期我们要针对线上起盘做整体招商方案,通过直播现场、微信群讲公开课,真正去招商。

这个方案的制定,公司要进行合理的设计,也要做一个整体的运营策划,不是简单地讲一堂课就可以的。

我们要把我们的奖励和赠品,通过讲课让更多的人知道,然后直接快递给意向代理,等他们收到产品之后,再进行后期的反馈收集、互动、跟踪和招商等。

比如,现在我们要通过线上 100 个群进行招商,我们要在这 100 个群当中设立一些奖励,再设置一些互动的环节,不能说我们只是在现场讲课,我们应该把奖励植入到课程当中。

我们在做直播的时候，还会送奖品，或者请一些流量大，个人 IP 很大的一些网红，或者是一些非常知名的人士。他们的影响力，可能做完一次直播，就可以让你有 100 万人以上的观看量。

因此，在直播的时候，我们应该拿出一些奖品，比如苹果手机、产品大礼包，或者现金奖等。

这些线上的招商，实际上成本并不高，但效果却是比较好的。

## 2.线下招商会方案分析

　　线下招商会，我们刚开始做的时候，可以叫产品发布会。开一场新品发布会，我们需要各方面的筹备：第一，场地。我们是选择五星级酒店还是选择公司的总部所在地，要提前决定。

　　第二，招商会时间。这个时间节点，我们要看产品是否选择在现阶段。产品不同，选择发布的时机不同，操盘手要通盘考虑，不能一概而论，随便定一个时间，就去开产品招商会。

比如减肥产品，招商会选择在春天比较好，因为人们都想在夏天时，有一个纤瘦的身材，穿上美丽的衣服。比如美白产品，要选择在夏天开发布会。比如补水产品，要选择在秋冬季开招商会。

可以说，每个时间节点，都有每个品类的火爆期。所以，我们要选择对的时间节点。如果操盘手选择的时间不对，即使你的产品和模式可能没错，但因为时机不对，你这个盘就可能起得不够快，甚至是盘已经起来了，但是却后继无力。

因此，线下发布会，我们的时间、节点都要正确选择。当你选择正确的时候，你整个盘才会起来得比较快。除此之外，我们还要选择整体的规模，到底是100人、300人、500人还是1000人，规模选择好，邀约政策也要设定好，才能更好地成交。

一般这种线下招商会，我们在前期已经发展了一部分代理，甚至是我们的核心团队也已经建立，这时候才有人去邀约，我们才能有上百人的规模。如果是在前期，你的团队还没有建立，就直接去做线下招商会，那你的盘启动起来就会比较吃力。

我们选择好了场地和时间，邀约好人之后，就要准备招商会的整个流程,确定我们的流程到底是一天还是两天。

一天的流程,是大家一般都会选择的一种。上午签到,下午举行新品发布仪式。下午有简单的产品说明会、产品介绍,还有专业人士、品牌创始人的讲话和成交环节等。

因此线下招商会,我们也同样需要专业人士的参与,包括现场的布置、整体展架的设定、横幅、大屏幕还有PPT等,这一系列的细节,都需要专业的公司或者专业的团队提前制定好。

在做发布会之前,要有一个预热,海报宣传、各种渠道的宣传和网络营销推广都需要提前去做。

一场成功的线下发布会,需要提前两个月,甚至更长的时间去做准备,人力、物力和创意,都需要提前做好布置。

线下发布会,最终的目的是成交,我们一定要冲着成交下功夫。因为这是我们项目刚启动时的第一步成交。

我们可能已经预收了一部分代理的资金,因此,可以让他们在现场,去影响其他小伙伴。让他们觉得我们的项目不错,是一个好的创业机会,他们可能就会加入。

线下发布会,我们应该把成交率做得比较高,这样大家会更有信心地去参与这个项目。因此,第一次发布会至关重要,我们不能说只要做招商会,做完招商会之后没有成交。如果是这样,即使以前发展的代理,也是没有动力、没有信心把这个产品做下去。

所以对于线下发布会,我们在做这个盘的时候,一定要慎重考虑。我们选择的团队要比较专业,要把所有的资源都在第一次发布会上展现出来。

南烛叶的线下招商会,几乎一个月开一次,强大的线下会销,让团队迅速裂变和扩大,团队的根基越来越扎实,团队代理通过线下培训会、学习,成长得也很快。

## 3. 美博会招商方案

美博会是微商品牌的一个实力展示。因此，针对一些有实力的品牌或者大品牌方，操盘手可以考虑在美博会之间起盘，可以考虑参加三月份和九月份的广州美博会、五月份的上海美博会。

操盘手要和团队一起，对美博会的本质非常清楚和了解，对美博会的特性比较了解，对美博会的资源比较熟悉，要知道如何适当地借力美博会，在投资不大的情况下，把品牌最快速的宣传出去。

所以，操盘手要根据自己起盘的实际情况决定。如果是大盘，可以考虑美博会的资源，让更多的人在短时间之内了解到你这个品牌。因为在现场，我们能够让更多的人亲眼看到产品，然后加入这个项目。

对美博会的选择，我们要非常慎重，要看投资和预算以及装修的投资。你的装修如果不够吸引人，或者是选择的地理位置不好，那么即使你参加了，也没有作用。

只要我们展位选择的位置好，或者装修得好，再加上在现场做活动，能够吸引别人到你的展位来咨询和沟通，那么，我们就很容易招募到更多的代理。

如果现场成交环节的引流活动没有做好，那么即使你参加了美博会，针对大部分品牌来说，也都是亏钱的多、赚钱的少。

整体的引流活动，要让更多的人来参与。引流完之后要做的事，就是如何进行产品的宣导，做好现场成交手和转换手的储备。

如果成交手能力不强，那么效果也会不好，这也是为什么你可以看到，有的品牌，看着现场人很多，但是实际上沟通完之后并没有成交，没有转化。

## 4. 线下沙龙聚会招商

一个品牌在全国各地发展很多团队的时候,应该把全国各地的代理力量都用起来,鼓励代理们和团队长们,在当地比如河南郑州、上海、天津举办一些形象沙龙,沙龙的形式有多种:

第一种,可以举办自己的个人答谢会。在我们平时生活当中举办自己的个人答谢会还是非常少见的。

如果在微商里面举办个人答谢会,别人会觉得你现在做的这个事业非常不错,很多人会过来给你捧场,然后他可能会问你现在做的是什么事业,他会渐渐去了解你这个微商项目,成交率会比较高。

个人答谢会，只要找一个四五十人的场，装修布置得稍微豪华一点儿，费用不会太高。5000元左右就能够做一场比较好的个人答谢会，然后准备一些红酒和甜品。

这样的个人答谢会，实际上凸显的是你个人的元素，这样对你个人IP的打造以及提升个人的影响力都是非常有帮助的。所以线下沙龙，是一种形式。

第二种，就是你可以举办插花、瑜伽，还有英语兴趣班，等等。如果你有各种特长，应该把你的特长发挥出来，因为大家都知道我们微商里面有各行各业的精英，所以特长都可以发挥和利用。

比如你擅长瑜伽，你可以多举办一些瑜伽的兴趣班，或者交流会。这样会吸引一些这样的客户群体到你这里来，然后，你再进行转介绍，客户群体先认同你这个人，然后认同你的一些特长，再转而去介绍你这个项目。

还有现在微商里面有很多宝妈，我们可以举办一些亲子游戏或者是亲子聚会。这个成本更低，可以控制在2000元以内。

我们应该要站在更高的角度去做这些活动，因为这种线下活动能够增加更多的稳定性，同时能够让代理们积极动起来，他只要敢于去做线下的活动，就一定会越来越认可你这个项目和整个公司的平台。

比如芭蕉旅游，作为微商定制旅游的重点旅游项目设计方，是各旅游社上游包机商，得到了各微商品牌的认可，因此拥有绝对的价格优势。

他们懂微商需求，可免费提供一些增值服务，比如：

①飞机起飞前，空姐致辞欢迎品牌方，植入品牌方广告。
②航空公司&品牌方联名欢迎卡(盖航空公司公章)，并且由空姐亲手发放给乘客。
③到了国外，由警车专门接机护送，凸显品牌方的贵宾身份。
④全程赠送影视级别航拍摄影摄像，当天剪辑出视频和精修图片，满足发朋友圈需求。

针对微商团队出行，可以做这些增值服务，而且是免费提供，都是他们航空公司自己的资源。

他们合作了几十家顶级微商品牌，客户反映都非常不错。不仅帮微商品牌做好了旅游服务，还帮品牌、团队做好了宣传服务，一举两得。

（某微商品牌旅游活动现场）

## 5. 小型会销现场招商

会销能力相对强的团队和代理，可以举办这种小型的会销，大型会销一般由公司来做，但小型会销，如果你的演讲能力够强的话，你完全可以自己举办。

会销成本不高，比如说可以借助办公室、会议室、能够举办沙龙的咖啡厅，或者是其他的场地，费用都不高。这种小型会销，通过邀约、组织和项目介绍，和做路演一样。你可以一个星期做一次或一个月做两次，根据你的情况而定，一个小型会销也能很快地帮助你做一个动销和成交。

小型的会销，我们也可以给自己定场数，因为你只做一场，可能你会觉得没有经验或效果不好。当你做到10场、20场、50场甚至100场的时候，你会发现，这种魅力越来越大，然后你的经验也越来越丰富，你的介绍也会越来越专业，你也会越来越有信心，成交量也会越来越好。

当然小型会销是建立在自己会销能力比较强的前提下，如果自己会销能力不强怎么办？就要通过学习或者模仿一些好的方式和方法。

这一块，我们现在微商代理和微商团队一定要把它做起来，如果你不做的话，那么仅靠现场发朋友圈和现场互动，效果还是比较慢的。

## 6. 线下地推方案分析

线下地推分三种。

第一种是大家非常熟悉的，也是最初级的一种方式。

拿一个地推展、X展架，还有桌子，在人流量大的地方，像公园、小区门口、电影院门口等，做地推活动。这是我们最常见的地推方式，而且这种成本也是最低的，你只需要出去活动，然后，就能够进行一个展示和成交。

但这一种，我们有很多代理会坚持不了，只是偶尔做几次，因为地推有两个目的。

第一是宣传。

让别人更多地知道你，同时能够进行一些成交，所以第一个目的是宣传和成交，通过宣传把这个货卖出去，或是吸引一些人成为我们的代理。

第二个目的便是要吸粉。

吸粉是微商里面非常关键的一环，如果你只靠原有的 1000 个人脉或者是 5000 个人脉，那么越做到后面越会遇到瓶颈。

只有源源不断的流量才能让你的微商事业越做越好，越做越大，这就需要去吸粉，需要去引流。所以地推也是一种方式，能够通过扫码赠送小礼品，比如说扫码送矿泉水、送吸引人的赠品，会有更多的人去扫你的二维码，以后再去转化。

某地推品牌，作为"微商地推缔造者"，很好地借助了地推，团队代理发展得非常迅速。品牌创始人：石俊贵，从一个理发店的理发师，单枪匹马在微商里闯荡，挨家挨户地拜访陌生客户，不到两年时间，让自己拥有了成功的事业。地推在其微商事业的发展中，起到了至关重要的作用。

## （1）如何让代理去做地推

首先我们作为操盘手，如何让代理去做地推？

第一，产品要适合地推。

有一些产品不适合地推，我们很多团队和代理做了一段时间之后，做了一两次就不想去了。比如一些女性私护产品，还有一些私密性较高的产品，这些产品进行展示，别人是不乐意去看的或是不好意思去观看的。

有的产品特别适合去做地推的展示，比如能够立刻看到效果的，让白头发洗10分钟就能变黑的。或者是一些其他的效果非常明显的，比如让你的鞋子擦一下就变亮的。还有其他一些体验感比较强的化妆品，比如化妆水，喷在手上体验感比较强，这些产品都能够去做地推活动。

第二，公司和操盘手要提供一些地推方法。

一些刚加入的微商和代理团队，是不知道如何地推的，我们要经常上一些课去教他们如何准备物料、赠品和环节，以及教会他们一些符合品牌和产品的方法以及技巧。

第三，我们要定期地去带动、策划一些地推活动。

仅仅是代理去地推，没有公司的策划和营销或者是一些PK大赛之类的，有些团队也会做了一段时间之后就不愿意做了，所以做得好的品牌和操盘手，他们会定期地做地推大赛或者是PK大赛，能让他们感觉到公司有奖励和扶持，大赛中的前三名能够获得奖励和扶持，这样的话大家都会有动力去做这个事情。

作为品牌方和操盘手，我们要思考做地推大赛，可能成本和开支看起来比较大，但实际上做宣传和推广也是需要成本的。还不如将这些宣传成本和物料提供给代理和团队，让他们自己去做地推、去宣传，这样效果可能更好。

（2）地推方案

我们作为操盘手，要教会代理一套好的地推方案。如果方案不对或者方式不对，那么这样做起来的效果也是不好的。

第一，地推的选址。

有的小伙伴根本没有想到去选址，走到哪里就地推到哪里，这个也是不正确的。

地推的选址，我们要选择人流量比较大的，比如商场、电影院、小区门口、公园等，不要选择人流量不多的地方，那样的话你就算在那里待一天也吸引不了多少粉丝。

第二，地推礼品的选择。

为什么有人出去加粉能够一天加一两百个甚至四五百

个，有人可能一二十个人都加不了，就是因为地推赠品的选择不对。

第三，吸粉之后如何转换。

因为现在，比如我们出去地推 5 天，一天能够加 30 个好友，相当于 5 天能加到 150 个人。这 150 个人如何跟进，我们也要有方案。比如我们要通过线上开课，让这些人在群里听我们的公开课。

可以通过回馈和跟进。在我们面对面地沟通完之后，他对我们的产品有什么反馈。在我们地推完之后，如果一个代理在 5 天就能加 150 个人。我们有 1000 个代理，就有四五万人，我们有 1 万个代理，我们就有 150 万粉丝。150 万粉丝到了我们品牌方手里，我们要做大型活动，转化为产品销量以及代理。

所以，从一个简单的地推，操盘手应该要知道如何将价值扩大化，因为我们作为品牌方、操盘手，1 万名代理大部分品牌都有，如果你有 10 万代理，这样一个地推方案的选择和转换是更加高效的。

## （3）本地工作室的建立

微商发展到一定阶段应该慢慢学会正规化、落地化，而且要公司化地去运营。

如果还是像微商一样，简单地发朋友圈、一个进货一个补货的关系，你跟代理商、跟团队之间建立的黏性不够强，真正黏性强的话就一定要成立本地的工作室或者公司。

像现在很多的品牌或者盘，他们已经在全国各地开工作室或者分公司，如果你在全国33个省份都能够建立自己的工作室和分公司，你就跟原来我们做全国连锁一样，你也能够辐射到全国各地去。

通过这些根据地，慢慢地，你把一些力量拓展到全国去，渗透到全国市场。只有这样，你才会做得更加落地，更加地有穿透力。

现在做得好的微商团队和微商品牌一定会把本地化、落地化做扎实，就比如工作室，因为他一旦有工作室了，才会对这个事业看得很重，不是随随便便做一份兼职，而是做一份全职，全力以赴地去参与、去做。所以，工作室针对一些有条件、有实力的团队和老大们（在微商里面叫老大或者叫团队长），我们应该要充分地去扶持他，如果开一个工作室或者是分公司，公司会有什么扶持，我们要把扶持政策做充足。

如果你在全国各地能够开100家工作室或300家工作室，实际上你的整个盘就是非常稳定的。为什么要做这个工作室？因为工作室能够聚人、聚气、聚财。

聚人是什么？它能够让更多的人每天到你的工作室来，比如1天有10个，那么1个月就有300个。

聚气就是让你的人气越来越旺，因为大家都知道微商是要让人看到你整个势头越来越好，比如，现在我这个工作室建立，这个月只有一两个人，但是下个月有一二十个人，再下个月有一两千个人。

如果我的工作室每天都宾朋满座，每天都有很多人过来，我拍照、拍视频，是很容易吸引到别人的，别人会想到底是什么模式、什么项目这么吸引人。

人气旺起来的时候才会聚财。你的成交额、销售额也会越来越好，所以工作室的建立是非常有必要。一些做得好的品牌和微商盘，他们一定会把这个本地的工作室做得非常到位。所以，操盘手应该要去思考：什么样的模式才能对接你现在的品牌和产品。

只有这样做，我们的凝聚力和黏性才会更强，要不然，很多微商团队和微商代理可能做两三个月，最多半年就不做了，但一旦有工作室，他会持续的时间更长，持续性更强。

当然对于公司方、品牌方、操盘手，我们就应该要有相应的扶持政策，这样的话他们才会往这方面去倾斜，才会往这方面去思考、去做。

（4）实体店合作

实体店合作也能算到我们地推当中来，因为这里有几种方法，但同时我们也会把它规划到实体微商的一个板块。

实体店的合作就是说现在别人已经有实体店了，有服装店、化妆品店，我们作为操盘手、团队长，是可以去整合的。

因为她原来做服装只是在这个服装行业，但是现在，比如我们做美发类的产品、化妆品的产品。我们的产品是能够去整合，让她做代理，成为我们的经销商。但是如果

我是微商操盘手

她只是一个服装店的老板娘，她想整合整个商场的服装店，实际上不可能的。因为在服装行业大家都知道同行勿入。

在传统的生意当中，同行就是冤家，但是在微商里面，你可以通过产品、项目，去整合你隔壁的服装店、化妆品店、美容院店。

所以，当我们做了一个实体店的合作的时候，我们要出一个实体店的合作方案，到底怎样才能让你们的合作顺畅，并且愿意跟你去合作。

这个合作不是进行产品的陈列、铺货而已，这个铺货也不只是拍照、拍视频而已，而是要深入合作。

同时你能够给她的实体店带来流量，然后你的产品也能在实体店进行消化、销售。到店之后，能帮你卖各种的服装、化妆品、美容服务，这才是双向的、一个有合作意义的方案。

第二，就是要开设一个实体微商店，比如，现在有很多丰胸、瘦身、美发、化妆品的微商盘、品牌。他们都会开设实体店，因为当微商的销量、团队越来越大的时候，他们也想去落地，通过落地的实体店进行吸粉、展示，去告诉别人微商也能开实体店，也能进行转换和合作。

所以，除了跟别人合作，你也能够自建渠道，自建实体店，自己去锁住流量，如果你前期实力还没达到的时候，你可以跟别人合作。

通过跟别人的实体店谈合作以及自己开实体店，你能够吸引更多的传统的实体店老板加入，这一块是核心。如果通过方案，你能够跟100家、500家实体店合作，我相信你的生意一定会越来越好，你的整个渠道也会越来越广。

## 7. 转型实体微商方案

几个团队开一个实体店，如何规划、如何快速招商？

实体微商，是我们作为操盘手、品牌方一定要非常重视的一个环节。

因为现在微商，如果没有实体的支撑，做到后面会一直飘在空中，很难落地。有了实体的支撑，我们会变得非常强大，但是这个实体方案的落地，很多微商品牌和操盘手都是不具备的，所以我们作为操盘手、品牌方，应该要考虑引进一些原来做连锁和实体非常专业的人和事，让他们加入到我们的团队当中来,真正帮助我们的代理商和团队们,能够真正地开一家店成一家,然后能够不停地去复制、去裂变,真正地做到开一家火一家、开一家赚一家,然后从一家开到五家,开到十家。

只有成功的实体店越开越多,代理的信心才会越来越强。一些不专业的微商品牌,他们只是开了一些实体店,进行拍照、拍视频而已,并没有实际上的帮助。所以我们的操盘手、品牌方应该真真实实地去把落地方案、实体方案做到双方都受益。

实体微商方案做好的话,对于我们操盘手而言,又能够回归到十几年前那个风靡一时的连锁,在很多品牌全国开连锁的时候,那时候全国加盟各个省代、市代,然后区域的代理都会风生水起,实际上我们微商品牌也是一样的,能够做好实体方案的时候,我们也能够快速地发展成几十家、上百家、上千家。

## 8. 视频等直播招商方案

随着直播平台、网红经济的兴起，粉丝多的、大的自带流量的自媒体，通过直播来做招商也是很有效的一种方式，因为直播能够吸引很多粉丝，直接通过信任网红、自媒体，能够转接到你的招商上。上次有一个有名的自媒体，他一次直播累计观看人次超过 3000 万。3000 万的观看量、同时在线超过 200 万，这样的数据是振奋人心的。

我们线下招商，要达到 200 万人的观看，实际上是很难的，但是通过直播能够有 200 万人同时在线观看，累计超过 3000 万人观看。这里的数据还是很强大的，同时能够

我是微商操盘手

帮助他吸粉20万人。如果吸粉超过20万，销售和招商就会非常简单。

所以直播，我们的品牌、操盘手也是要非常重视的。因为这种成本并不高，只需要一部手机，一个直播平台。当然，直播需要专业的人、专业的操作方法、运营方法，才能够达到这样的一个人数。要不然，只有几十人、几百人观看也没用。

甚至现在还有一些微商盘，是通过一些直播的网红撑起来的，因为直播的网红零售额会非常高，零售额高的人，才能真正地做起来。所以现在有一些微商品牌方，能做到300个人或者是500个网红去做，零售业绩是非常好的。

除了直播，朋友圈流行的视频、小视频等，也是招商的一大法宝。要想让自己品牌的视频能在朋友圈广为流传，甚至转发无数，需要专业的机构帮你制作出高水平的作品。易歌视频传媒就是一家专业的视频制作公司。很多大品牌的视频制作，都来自于他们的团队。

附：

## 移动互联时代的新视频营销
### ——微商品牌崛起的一把利剑

小米创始人雷军曾说:"站在风口上,猪都能飞起来"。

雷军此话何意?说简单点儿,其实是一种互联网思维的宣扬。

微信,互联网时代的一处风口,已经让无数的创业者、商家、媒体成功御风抟扶摇而上九万里,在时代的转型期平地崛起。

微商在经过了试探期、混乱期,到如今已发展为能清晰可见的巨大微商市场。有人说,现在微商的红利期已过,微商再难成就一夜暴富的神话。其实不然,经历了优胜劣汰,淘汰了无数小微商,留下一批高质量微商之后,随着政策、秩序在不断规范,即将到来的将是微商更往红利高峰发展的时期,大浪淘沙之后才是真正的商业蓝海。

这一发展趋势,也注定了微商想要在未知领域继续开创新市场,就不能单靠简单的"熟人经济",势必要走微

我是微商操盘手

商品牌化的道路。而品牌化最需要的无疑是一套创新的、行之有效并随市场而变化的清晰的营销战略。

我们知道，在大数据时代的今天，最有力的传播方式必定是最能吸引流量和用户注意力的，这莫过于视频传播。视频形式的直观性、多样性为品牌广告营销提供了丰富的可能性及传播机会，品牌元素与视频内容的精准结合更催生出了更具价值的营销方式——视频营销。

无数的案例告诉我们，兼具"互联网"和"视频"两种传播优势的"视频营销"，必将引领营销领域的未来。

易歌传媒，微商新视频营销的开创者，成立于2007年，扎根化妆品行业视频营销十余年，服务客户从专业线、日化线，到电商等各种渠道。2012年，随着微商的起步，易歌传媒创始人吴江波先生，便开始专注于微商视频营销领域，帮助微商品牌在初创的迷雾中实现突破，在发展的迷茫期精准布局。

十余年，易歌服务了1200多家微商和化妆品品牌，与霸王集团、卡姿兰、仁和集团、妇炎洁、傲澜集团、广药白云山、蜗蜗、奢悦、南京蓓俪芙、森迷等著名品牌长期战略合作，成为全国最大的视频营销服务商，成功帮助各大化妆品品牌及微商品牌实现品牌的塑造和崛起。

易歌视频营销的成功，来自于对微商发展的深切了解和站在微商品牌商的角度进行营销微划的思维，归根究底，离不开三大战略。

1．"内容"致胜

根据微商品牌发展的不同阶段，制定不同的视频营销战略，为品牌商提供量身定制招商、卖货、教育、吸粉一站式视频营销解决方案。如招商阶段的影片，以企业品牌和营销传播为目的，帮助客户开拓市场；卖货阶段，则重在解决客户市场痛点问题，塑造有灵魂的产品；教育阶段，则以教育消费者和代理商为目的进行策划；吸粉阶段，粉丝是微商品牌生存的核心，针对性地规划不同的吸粉战略；为微商团队领导人打造个人IP，塑造品牌形象，强化品牌传播力，提升品牌竞争力。

在每个影视作品的创作中，易歌都从微商品牌的理念出发，定制最合适的视频营销规划，助力微商品牌价值更大化。

## 2. "快"即王道

信息时代,最大的特点是变化快。信息、产品的更新迭代让人眼花缭乱。俗话说天下功夫,唯快不破,这句话用在互联网时代也是很有实操性的。移动互联网下微商品牌的发展,最佳时机常常转瞬即逝,要想不被淘汰,就必须跟上时代的脚步,甚至是走在时代的前头。而作为微商品牌营销利器的视频营销,更是讲求快。更快才能更近,更快才能无限制地缩短消费者和品牌之间的距离。

然而许多影视机构相对昂贵的费用和较长的策划拍摄周期,常常令品牌的传播环节变得复杂。在易歌传媒的观念里,快,不仅是微商品牌的生存之道,同样是易歌的生存之道。快——策划快、制作快、出片快,处处为客户着想,不耽误任何一个客户的用片,这是易歌一直秉承和坚持的信念。

## 3. "品质"为本

任何一款产品,没有品质的保证,都是无本之木,难以成其大。

易歌传媒扎根行业十年而不倒，并日益强大，正是因为过硬的品质。将客户放心中，必定要将品质放心中。为了保障品质的过硬，易歌斥资合作国内知名导演，大胆启用新锐导演，更拥有极富创造力与执行力的中国影视广告制作尖锋团队，确保每一个影片的出品，用作品来帮助品牌商更简单、直接快速地进入品牌营销。

量身定制的视频营销策划，比行业更快的出片速度，可货比三家的过硬质量，是易歌新视频营销的三大灵魂构成，作为微商品牌崛起的营销利剑，出销必令人瞩目。

## 9. 如何做好微信好友招商

要分类，分成三类客户，如何谈能成交的客户。

现在做微商，大家都清楚，必须是从身边的微信好友开始，但有一些微商可能会觉得不好意思从微信好友开始。但实际上当你有好产品、好项目，你是很有必要向你身边的人去推荐的。

如果今天你身边的人都不够相信你，都觉得你的项目不够好，那怎么能吸引陌生人？所以，我建议个人以及操盘手必须坚信自己的项目和产品值得推荐给你身边的朋友，而不是说不好意思去推荐。

微信好友的招商,比如你现在微信好友有1000个人,1000个人当中,如果有100个人是相信你、信任你的,愿意跟你去启动这个项目,那么你一启动就是已经得到了一部分助力,能够有助于你把这个盘子做起来。

第二个方法,我们还会去列名单,因为很多时候你并不知道谁愿意跟你一起来做这个项目,谁愿意跟你一起去玩这个微商产品。跟别人沟通完之后,你会发现一些有创业想法的、有激情的、原来总是咨询你想跟你合作的小伙伴,实际上在这个阶段,你可以跟他沟通。

你只有主动出击,才能创造机会,如果总是没有去沟通、去了解,很多人都会不知道这种事情。所以在微商里面,大家应该要很主动、积极地向你身边的微信好友去沟通、去畅聊你的项目。

微信好友还有一种做法,就是当你的微信好友不够多的时候,可以通过一些技术手段去实现。比如我们通过一些网络的宣传引流、百度的宣传引流、微博的宣传引流,通过各种网络的技术力量、电视台广告的投放、电梯广告的投放或者是其他渠道的直播等,都可以把你的微信好友先加起来。

像微信好友这块,前段时间我们就有个学员,一个北大的学员。她在做服装,她甚至不知道自己的服装该如何销售,我当时就说快播这里一个平台,可以让你加更多微信好友,因为她当时只有800多个微信好友。

在快播上,她把一些漂亮的服饰以及她自己拍的一些穿服装的好看的视频,上传上去之后,每天有500~1000个人会去加她,因为觉得她的视频和服装确实不错,所以短短几天,她的微信好友就加满了。然后过了不到半个月又买了第二台手机,又把第二个手机慢慢加满了。一个月,她又把两个微信好友全部加满,这一个月当中她的纯利润已经超过了7万元。

所以当我们微信好友不够多的时候,我们应该去思考如何把微信好友变得更多,不是说现在只有两三百个微信好友,要怎么去开拓市场,而是应该要想方设法去扩大你的流量,去增加你的微信好友,扩大你的基数。

加微信好友,就像我们开实体店一样。等我开完这个店,开门营业的时候,如果这个店铺的人数不够多、进来的顾客不够多,我应该要想办法去揽客,让更多的客人进来。

 我是微商操盘手

所以我们的微信好友就是要想方设法,让更多人进到你的圈子里面来,让更多人知道你这个项目是什么,让更多人了解完之后来参与这个项目,甚至成为你的代理、你创业的合作伙伴。

附:

**招商案例分析:3个月从0到5000代理的8条军规**

这是2015年11月11日起盘的一个品牌,有好多值得大家学习的地方。

第一,百度引流

众所周知,百度引流的流量还是很值得去做的。

在姜小白上线前,我们就做了一个百度问答的引流。很多人会问一个问题,如何更好、更快地做好百度问答。其实如果你单独一个个发,你会发现,至少需要一个月,因为问题采纳需要赶时间。所以你必须找到你的意向代理与你配合,发挥众人的力量。

| 姜小白黑糖姜茶怎么样,有人代理吗? | 1个回答 | 2015-11-06 |
| 姜小白黑糖姜茶有什么作用,效果怎么样 | 1个回答 | 2015-12-06 |
| 最新新出的姜小白黑糖姜茶怎么样?怎么代理? | 2个回答 | 2015-11-07 |

更多知道相关问题>>

## 第二,公众号引流

公众号引流,主要是指两方面。第一,就是大家要学会使用搜狗搜索,因为在这里搜索微信的文章是非常方便的。除此之外,要学会用公众号。很多从事营销工作的人,忽略了公众号的运营。你慢慢会发现,公众号是聚集粉丝的一个利器。该姜茶的公众号有两个,一个服务号,一个订阅号。服务号主要是发公司的一些重要的事情,比如,招商,比如产品的使用。订阅号主要是造内容来聚拢粉丝。除此之外,我们还要求代理必须学会玩公众号。这样,一来是方便分享知识,二来增强别人对他们的信赖感。

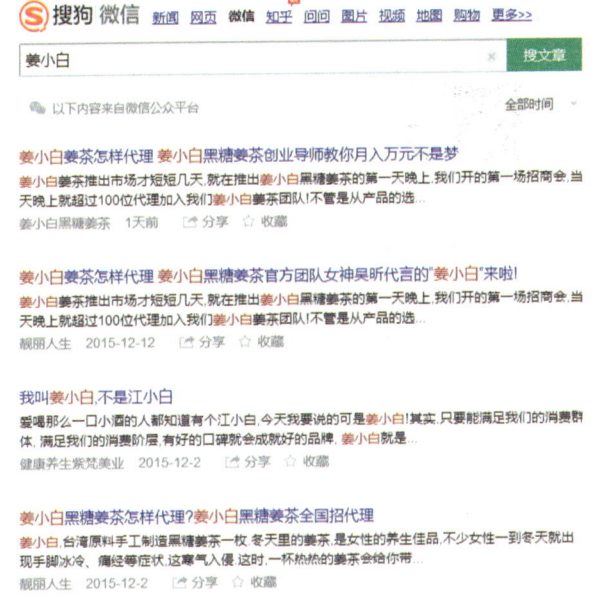

### 第三，新闻营销提供搜索

为什么要做新闻营销？很多人对此不屑一顾。新闻营销的一个最大的好处就是收录。所以你会发现，如果有好的新闻会被收录。比如：你的新闻可能被大网站收录，然后在今日头条的 APP 端出现。所以我在操盘的时候发现一个规律，就是要有好的新闻。有一次，我们的一个新闻被今日头条的 APP 端以新闻源的形式收录了，结果引来了差不多 800 多个粉丝，成交跟转化非常高。

第四,轻代理成就微零售之王

该姜茶的商业模式具备以下特点:第一,产品简单。针对用户的一个强需求,将用户体验做到极致。第二,重复消费。姜小白姜茶口感好、口碑好,好的商业模式用户都是重复消费的。第三,门槛低。是的,你没有看错,就是 210 元。其实你请朋友吃一餐饭的钱,就可能改变你的人生。

第五,明星代言助力腾飞

微商选择产品是你从事微商成功的一半。微商自诞生以来都是女性的生意为王。中国女性人口 6.6 亿。这是一个无比巨大的女性市场。该姜茶的面世,在微商养生品类上打开了一个微商全新的格局。你想不到,上市短短十天,该姜茶卖断货。你想不到,上市短短二十天,该姜茶就受到了快乐大本营某主持人的关注和亲自代言。

## 10. 朋友圈资源招商

朋友圈是我们微商的终端战场。被动成交主要是看你的朋友圈。

如何晒你的成交、资讯、团队、收入、个人资料。

每天都有要求,哪些人的朋友圈是如何做的,会教给你。

不同的人有不同的朋友圈。

做微商,朋友圈宣传和造势是必不可少的。

我是微商操盘手

如果少了朋友圈，你的招商会缺乏宣传的铺垫和基础，因为朋友圈是别人了解项目和产品的基本。所以，操盘、运营方案、代理还有小代理都要注重朋友圈。

朋友圈就是借助免费的宣传渠道，让更多的人去了解你这个产品，让更多的人知道你这个项目，从而加入你这个项目。

所以朋友圈的招商永远不能停止，我们从操盘手开始就应该非常看重打造朋友圈，要对朋友圈打造非常专业，考虑每一天的文案，朋友圈该怎么去发以及我们的图片该如何去做，这些也是操盘手需要去做的。因为只有你自己站在这样一个层面去思考这些问题，你才能够让下面的代理跟随你的脚步去做。

这也是一些盘做不起来的原因。品牌方可能都不知道如何去带领代理发朋友圈以及代理今天需要发什么、下个月需要发什么、这一阶段需要发什么。

你在不清楚的情况下，你这个朋友圈是缺乏影响力，你起盘可能会暂时火爆一下，到了后续就会乏力，不知道如何去运作。所以朋友圈的招商，我们作为操盘手，作为品牌方应该站在更高的高度去引领他们，要有专业的团队去引领他们。

朋友圈,是微商的主战场。

南烛叶,通过一次朋友圈的"动销微商大赛",不到10天,带动了10万人一起发朋友圈参与,取得了良好的传播效果,品牌知名度迅速在微商界打开。

## 11. 整合行业资源招商

招商时要整合有效资源。

某资源有用,某资源没有用。我们会帮你辨别、挑选、整合。

其实这个相对有点儿困难,不是一般的操盘手可以做到的。只有他对整个行业非常了解,以及这些资源相当丰富的情况下才能做到。

如果你经常有这些行业、大会、论坛的资源,实际上

我是微商操盘手

你可以借助一些上台的机会,或者是借助一些行业其他有资源的人去做活动、拉赞助、做宣传,这些也能够方便去招商,当然招商的效果,可能不一定会好,就看你如何去现场运作。

如果你仅仅只是出席,就是去参加别人的会议或者是进行展示,这种是没有什么太大效果。你应该深度地去参与或者你在现场有一个重磅的礼品赠送,或者有什么大活动的营销事件的策划。如果没有这些参与,只是简简单单的出席对你是没有任何帮助的。

## 12. 不同培训方式招商

邀请行业知名人士讲课招商
成功微商团队老大分享经验
本地化的招商培训会
定期召开专家培训

因为微商非常缺培训,所以,非常专业的培训,代理或是意向客户都是非常感兴趣的。

别人不感兴趣,是因为你的培训不够专业,或者是高度不够。如果你能请培训大师,或者请微商行业一些有知

我是微商操盘手

名度的培训老师帮你做招商、讲课，一定会事半功倍。

培训招商我们可以分为线上培训招商和线下培训招商，线上培训招商我们可以借力，借助一些有知名度的微商大咖，微商老师帮你去讲课，帮你去成交。在线下，我们也可以邀请一些行业内有知名度的老师，因为这样可以帮助你们去发朋友圈，去提前邀约。

培训和学习，我们现在一般是两天一夜或三天两夜，大家都对这些线下学习很感兴趣。你只要选择代理相对聚集的地方，比如你广州的代理多，你就选择广州；你济南的代理多，你就选择济南。

你可以选择相对集中的地方，进行一些线下培训，培训完之后进行招商，这种比较流行的也叫线下裂变会。

在2017年，从上半年一直到现在，线下裂变会，风靡整个微商，效果也非常好。

所以，我们作为操盘手应该要更好地去嫁接一些线下的培训、裂变会，让我们的代理通过线下的学习、成长，让他们变得更强大。这样团队管理会更加有黏性，如果仅仅在线上进行群里的沟通，那团队成长是很慢的。

现在一些做得好的微商品牌和微商盘，他们已经把线下做得非常到位，如果线下培训次数不够多，你会远远落后于别的品牌。

# 第七章

## 产品后期如何增盘

【本章导读】

现有的代理,是我们的基础和核心。我们只有让现有的代理成长起来,这样才会能真正地让我们这个盘稳定发展。

我们可以通过前期的各种优惠活动、促销活动,让现有的代理,把货快速卖完,后面的招商就没有了负担和累赘。

演讲能力是对现阶段微商一个非常高的要求,都需要通过你的演讲能力,通过你的口才让更多代理加入进来。

很多时候,我们刚起启动了一个盘,前面招一千1000个代理或者是四、五千个代理,但后面就没有了动静,因为你的代理不会裂变。

一个真正能做得好的微商品牌,一定要每天提供新鲜的素材和文案。这样,你的代理们会干得很有干劲。因为他们知道,公司每天都会提供这样的素材给自己,公司每天都在为我们自己着想,几乎每天都在带动我们去做这个事情,他们就会对公司越来越有信心。

## 1. 培养现有代理

现有的代理是我们的基础和核心。我们只有让现有的代理成长起来，才能真正地让我们这个盘稳定发展。

很多盘起盘之后，操盘手就忽略了现有的代理，只是不停地去追求新的代理。结果就是，新的代理没有进来，老的代理也没有了积极性，没有让他们真正地动起来。

如果出现了这种情况，我们既没有服务好老代理，也没有招到新代理，那么我们两头都会产生危机。

所以，作为一名成熟的操盘手，一定要注重"攘外必先安内"，要把内部的根基做好。

服务好现有代理，把内部的根基做好，有哪几个步骤呢？

### （1）让现有代理的货销售出去

很多品牌，做了第一批招商后，后面就出现招商乏力的情况。很大一部分原因，就是首批加入的代理出货慢，或者没有出货，这样会形成一个恶性循环。

如果我们服务好首批代理，让他们很快就把货销售出去，那后面的招商就没有了负担和累赘。我们可以通过前期的各种优惠活动、促销活动，让现有的代理，把货快速卖完。

首批代理的货虽然不多，但是他们是通过我们的优惠政策加入的，从而跟随我们的。我们有义务帮助他们，教他们如何把货销售出去。

如果他们能快速出货，他们就不会天天想着怎么去卖自己的产品。这样，他们没有了后顾之忧，也没有压力，他们才会有更多的时间、精力和信心，想着如何扩大招商，才会有更大的动力去执行我们的营销活动和策划。

如果刚加入的团队老大和代理，他们天天只是想着如何出货，那么整个盘就非常危险了。

所以，我们增盘前期的基础，就是一定要把货销售出去。

### （2）让现有的代理能力提高

为什么有些项目盘发展到后期，就没有了发展后劲，没有大的提升，很有可能是因为你前期招的代理，他们的能力没有提高，相应地，整个盘的能力和水平也不能提高。

这些现有的代理，就像是你公司的元老级员工。如果这些元老的能力没有提高，那你整体盘的招商能力和业绩也不会提高。

如何提高现有代理的能力，促进我们项目业绩的迅速增长呢？

#### ①学习能力

我们要提高现有代理的学习能力，即使他们中有些人

 我是微商操盘手

已经做过微商或者是带过团队,他们也不一定符合现在这个盘和现在的新品,所以要提高他们的学习能力。

### ②出货能力

可能他们在 2014 年或者 2015 年的出货能力很强,但在 2017 年,他们卖我们这个产品可能就不行了。

所以,我们应该提高他们的出货能力,教他们如何发朋友圈,如何招商,如何做引流等。要通过新时代的方法和技巧,提高他们的出货能力。

### ③招商能力:1000 个代理

我们要想方设法地让他们招到 100 个代理、1000 个代理,甚至更多代理,我们要让他们迅速提升线上授课能力、线下会销能力、招商能力等。招商能力越强,收到的代理越多,我们整体的盘才会发展得越稳。

### ④演讲能力

演讲能力是对现阶段微商一个非常高的要求。

可能原来你做微商时，不需要你去做演讲。但现在，如果你没有好的口才、没有好的演讲能力，你就不能打动别人。

以前，你可能一对一成交几个大客户，然后让这几个大代理自己去裂变，就可以轻松地做好自己的项目。

而现在，更需要你一对多去成交，你需要时时刻刻、从一个月到另一个月，从一个季度到另一个季度，从这半年到下半年，通过你的演讲能力，通过你的口才让更多代理加入进来。

## 2. 裂变现有代理

我们要教会我们的代理进行裂变,比如现有的 1000 个代理,都能有至少招商 10 个,甚至 100 个代理的能力。比如每人裂变 10 个代理,那我们就拥有了 1 万个代理;每人裂变 100 个,我们就拥有了 10 万个代理。

这种裂变可以通过公司相辅相成的活动来进行。

如果你这个盘有 10 万个代理,其实已经非常不错了,你后续的增盘工作就能够成功完成了。

很多时候，我们刚启动了一个盘，前面招 1000 个代理或者是四五千个代理，但后面就没有了动静，因为你的代理不会裂变。这种裂变是至关重要的。

如何教现有代理去裂变？

### （1）线上活动

培训、促销、活动、各式各类节日的促销，都需要通过线上做活动，帮他们去招商、招代理、卖货。

### （2）线下沙龙

因为现在的微商，进来得快，出来得更快，所以我们需要通过一些线下的沙龙和活动，让他们凝聚在一起。

我们通过线下活动，比如全国各地的小沙龙、小聚会，让很多团队在当地形成一个熟人圈子，让他们通过线下沙龙聚会见面，建立信赖感。同时他们在当地形成了一股凝聚力，这个团队才会更加的稳固。

### （3）全国会销

全国会销活动最好是通过公司的层面去主导。因为现在很多品牌和操盘手，想让下面的代理带团队去做会销活动，但发现他们其实是做不到的。

第一是他们经验不够，第二是他们的资金财力不够，第三是他们举办这些会的各方面效果也不太理想。

所以这种全国的会销活动，可以让我们全国各地的大团队长去邀约和组织。不过，真正去做、去投资还是要由我们公司来牵头。

既然我们要增盘，要把盘做起来。那么这些全国会销活动，要么不做，要做就要有效果，要成功。否则，我们很多代理会受到伤害，自信心会受到打击，以后再去邀约就会很难。

因此，要想让每一场会销都有成效，最好借助专业的人士策划。

## 3. 吸收新代理加入

经过现有代理的定盘，经过现有代理帮裂变，我们还可以通过新的渠道去招收新的微商团队和新代理。

招收新的微商团队和新代理，需要我们通过别的方式和方法去进行。比如，参加一些行业大会、线下聚会，通过其他方式、方法做引流，然后裂变带来一些微商团队等，这些都是我们吸收新的血液的方法。

新的血液进入，才会出现一些新的机会，新的团队、新的代理和现有代理一块去冲击，我们的盘才不至于因为前面的代理乏力,招商就持续不动。这个就像我们带兵打仗一样,我们要不断地招收新的士兵,有强兵干将,才能把这场仗打好。

## 4. 持续不断地策划

### （1）每个季度要有一场大型活动

每个季度，我们这个品牌都要举行一场大型活动。通过大型活动，我们可以拉升士气，让人看到公司的动作和实力。

如果每个季度，我们都没有大型活动去支撑、去宣传，让别人看到我们公司的实力，那么这个品牌是会呈现一个越来越下降的趋势。

 我是微商操盘手

### （2）每个月要有一次线下活动

每个月要有一次线下活动。线下活动一定是增强凝聚力最好的时候。

这个线下活动，我们的很多代理可以经常见面，经常交流，经常聚会，经常看到别人的进步。

这个线下聚会，我们可以通过招商、会销、培训会等形式去做。

### （3）每个星期要有一些小型培训或策划

我们每个星期要有一些小型的培训和策划活动，要么线上有培训，要么线下有培训，要么线上有策划，比如"双十一""双十二""中秋节"之类的活动。我们每个星期要出一些培训和策划，否则，你的代理做着做着就会越来越没有动力。

### （4）每天要有新鲜的文案和素材，提供发朋友圈内容

真正要做到持续不断地增盘，来源于我们每天的付出。

每天都要有新鲜的文案、新鲜的素材,提供给大家发朋友圈。

如果公司开始时能持续不断地给代理提供各类产品文案和素材,到中途却又停止了文案和素材的提供,代理们就没有了正确的思维和思考的方向,他们会慢慢地迷失自己,对产品失去信心。

一个真正做得好的微商品牌,一定要每天提供新鲜的素材和文案。这样,你的代理们会很有干劲。因为他们知道,公司每天都会提供这样的素材给自己,公司每天都在为我们着想,几乎每天都在带动我们去做这个事情,他们就会对公司越来越有信心。

通过以上几点建议,把项目增盘的每一个细节,每一天、每一个月、每一个季度都做好的话,我相信你这个盘是一定会越来越好。

# 附录 1

# 公司创业失败原因分析

# 1. 老板的格局不大、思维不够清晰

比如请吃饭，有人会转化更多的人，有人吃了饭后就没有人愿意做了。吃饭是一门艺术。

比如旅游，有的团队旅游回来会解散一批团队。有的旅游回来后凝聚力更大了。旅游细节除了旅行社，自己要做许多细节。比如水必须有自己品牌的 logo，很多东西需要准备。我们去内蒙古，8 月份去，我们准备了定制雨衣，让代理感动。品牌商要细心服务。

老板的格局不够大，比如有些品牌方办事，不管是对公司员工,还是对代理,他们的格局不够大,如果只是想圈一批代理,是很容易被看出来的,这些盘是根本就走不远的。

有些品牌方根本没有微商思维,只是因为传统生意不好做就转型做微商。结果圈了一批代理之后,也不知道后续怎么发展、怎么扩大、怎么裂变。这样也是做不起来的。

所以我觉得一个真正的微商品牌能否操办起来源于整个品牌的老板的定位,包括整体的格局、运营能力和战略布局,如果这几个方面的能力都做不到,那么整个盘是做不起来的。

现在微商品牌跟我原来做传统品牌时一模一样,都需要你有非常强大的运营能力、管理能力、营销策划能力以及组织架构能力,如果这些能力你都不具备,你就很难将品牌做起来。甚至还有一些微商品牌和老板,出去旅游,旅游的标准不是很高,请人吃饭也不是特别的大方,这种情况代理们可能不会全力以赴地去相信你、去信任你。

因为他们是跟随一个人去创业,不是跟随你的品牌、你的产品。你的产品、你的公司只是其中的一种副产品,老板个人的魅力是别人更加看重的。所以,作为一个微商品牌的老板、操盘手一定要把个人魅力展现出来,别人愿意追随你才是最主要的。

## 2. 操盘手团队的运营能力不够

不强必死,最好不是外聘团队:外聘的操盘手水土不服,和自己的团队不合,不匹配。团队要整体认可这个操盘手才能合作。即使大老板同意,下面两个小兵不同意,在合作过程中也会出现许多问题。

很多失败的品牌都是因为整体的操盘团队不够专业。可能前期因为他的资源整合,起了一部分几百万或几千万。但到了后面运营能力不够专业或者整体运营团队凝聚力不够强,就可能会分散。

我们就碰到过几次这样的情况，有的前期起盘起得非常好，两三个月之后整体操盘团队运营能力跟不上，他们不知道如何去管理这几万代理或几十万代理，如何做一些好的运营策划，如何帮他们裂变或者帮他们做得更好，或者是做了一些活动效果不理想，代理们对他们失望，这些都是因为他们的运营不够专业。

如果操盘手的运营能力不够专业，整体的运营团队都需要去学习，向好的操盘手团队或者是下面一些导师们学习和沟通，跟下面做得好的微商品牌进行交流和沟通。

不要闭门造车，否则会导致一些你弥补不了的损失。

比如你做一个活动，你的团队里的代理不够相信你的时候，以后你再做活动就会很危险，第二次、第三次活动就没人跟随了，那么你整个盘就慢慢地散了。

## 3. 公司策划运营能力弱

这个体现在后期,起盘的时候看不出来。起盘后如何裂变,他们不会做。

比如南烛叶,空气净化器。800~900元,代理拿价不到200元。要有强大的策划能力和运营能力。

公司策划运营能力弱,有一些策划文案和你的运营几乎不能配套,或者是没有全力以赴地帮你去做。或者是他们不懂微商,公司的高层和公司的内部构架不够完善、不够专业也会导致你接下来的盘会比较危险。

## 4. 公司培训体系不完整

有些公司的培训体系不够完整，以为在群里面开一些新人培训，可以想什么时候培训就什么时候培训。实际上这是非常致命的,因为你的培训不够专业,也没有形成体系,很多代理都对产品不够了解,对公司的模式和招商不够了解,也不知道如何去招代理、如何去培养代理以及裂变,以上问题都是因为公司的培训不够专业,没有形成体系。

如果你的培训没有体系,实际上是很难形成一种影响力以及代理对你的信任感。因为只有代理觉得公司在培训方面非常专业,才会有信心拉一些意向代理,才会有信心跟别人去讲公司的培训优势。

这些优势能吸引别人加入你的团队，去做你产品。如果连这些你都做不到，你的代理去谈客户的时候，实际上是没有底气的。

所以，微商操盘手和公司，应该非常重视完善的培训体系。如果你自己有完善的培训体系最好。如果没有，可以借助外界力量，外包让别人帮助你完善这个培训体系。

# 附录2

## 我的故事

简单地讲述我个人的创业故事,我出生在一个做生意的世家。从小受到创业氛围的熏陶,一直特别喜欢做生意和创业,所以我在大学期间就为自己定下了目标,大学毕业之后就要创业。

在大学期间,我不停地去做兼职,大学四年,我做了13份工作。主要是当时我看过一个美国的成功者的故事:这个亿万富翁他为什么能成为亿万富翁,因为他在进入美国之后,他让自己做了15份不一样的工作,然后从15份不一样的工作当中,不断地学习、成长,自己真正地掌握了哪方面的一些技巧,然后再去创业。

后面当我受到这个故事的影响,我也开始在大学期间不停地去做工作,每一份工作要超过一个月。然后我做了13份不一样的工作,在大学四年当中我就通过自己的工作经验,还有一些小生意买卖,赚了45万元。

同时在大学里面我担任了英语老师,因为我当时特别想去留学,所以我就苦练英语口语。当时我的偶像是马云,他对我的影响力比较大。因为他的英语非常好,所以我也想把英语练习得非常好。所以通过大学四年,每天疯狂训练10个小时以上英语口语,我的英语也特别好。这对我以后操盘的演讲能力有非常大的帮助,因为我们经常在台上用英语演讲去调动大家的积极性,所以对后期我们能够站在演讲台上去影响一些人加入到我们团队有很大的影响。

大学毕业之后,我就开始自己创业,当时选择的创业行业非常简单,就是听别人说做服装行业比较赚钱,一个月能赚十几万,所以我就去做了服装行业,这一做就是10年,从做零售然后再批发再到制衣厂,2011年我就开了自己的一家制衣厂公司,拥有100多名员工。

当我的传统生意慢慢地好转的时候,也就是2012年我就开始接触淘宝电商,因为当时的电商行业风生水起。而且我们也通过电商掘到了第二桶金。当我们的电商做得很好之后,我才遇到了微商行业,所以从做微商开始,我们就真正地想去学习、了解,从2014年我开始在广州、义乌等微商做得比较好的城市,去一些做得好的品牌公司参观学习,然后一直埋下了这颗种子,就是一定要进入微商行业。

我们进入微商的第一步就是向做得非常好的品牌和产品学习,然后去模仿和研究。正是因为这些学习才使得自己在往后的道路当中走得非常的扎实。

2015年,我们尝试做了一个水果,一个月就卖了100

多万，就是通过微信群的裂变。通过社群的力量一个月做了 100 多万，而且当时上了电视台。这个南国郴州电视台的一个报道对我们是非常大的一个震撼，因为没想到通过微信能上电视台、新闻联播。

该电视台报道的主题为：微商"黑马"陈晓斌：做任何事都要一门深入。

电视台是这样介绍我的：

陈晓斌：三十而立之人，从大学开始创业，历经三起三落，做过 500 人企业的董事长助理，开过 7 家服装店，办过几十人的制衣厂，继而转型做电商，最终他却成为了郴州微商行业的一匹"黑马"，月收入 6 位数字。

谈到自己的创业心得，陈晓斌说，就是做任何事情一定要一门深入。

……

当我们得到正规电视台的报道时候，而且是以微商的身份上了新闻联播，更加坚定了要走微商这条道路的决心。

2016年，我正式操盘一款漱口水：佳诺康，在大家都不看好的情况下，我毅然决然地做了，3个月做了1.2亿的业绩，并带动了整个微商漱口水行业,被誉为"漱口水鼻祖"。

这一战让我们成名，这一战让大家都知道了黑马哥，这一战大家都相信我们能够把一个产品、一个品类带动起来，因为我们有专业的操盘团队，我们有专业的营销策划能力，我们能够带动一个行业。

很多人问我们当时为什么要选择漱口水，其实这就是我们操盘手的一种选品能力。我们当时一定要选干净类的产品，让消费者能够亲眼看到漱口水只需20秒就能够清除口腔内的残渣污垢，所以这种立竿见影的效果能够很快打动消费者。

第二，漱口水这个口腔市场在国外已经非常的成熟，80%的人会使用漱口水，但是在中国仅仅只有5%的人会用漱口水，这是一个非常庞大的蓝海市场。我们当时已经非常精准地判断了这个市场的一个空白，所以我们切入这个市场。事实也验证了我们的判断是正确的。

当我们漱口水这一战成功之后，很多品牌纷纷来找我们去操盘，我们一下子在整个行业有了非常大的一个名气。

但好景不长，2017年上半年之后漱口水的市场，因为竞争非常激烈，以及口腔教育市场还需要长时间的教育消费者，不是一下子就能够让消费者改变使用习惯，所以这个市场在微商一窝蜂的跟进之下，迅速地让很多代理慢慢消沉下去，2017年上半年整个漱口水的市场已经下滑。

当下滑之后，我们就开始选择一个新的产品，这个产品就是黑发产品，就是现在我们运营的南烛叶，这个产品我们刚开始并不看好，因为我们会觉得白发变黑发一般是老年人会用。但做微商可能都是"80后、90后"，很少有人会用，但是事实证明，哪怕是老年人用的产品，实际上在我们朋友圈的传播、销售的速度还是很快的。

南烛叶的传播速度很快，因为白发人群都要用这种刚需产品，他有白发就想变黑，所以我们当时进入这个市场的时候也是从开始不太看好，通过专业的运营策划参加一些专业的展会、美博会等，让这个品牌的知名度和曝光量大大地增加。

同时黑发产品也具备了我们前面作为操盘手选品应该具备的：

第一，立竿见影，它是 10 分钟能够变黑。

第二，它也具备了消费率和复购率比较高的特性，因为消费者使用完之后隔几个月就要购买。

第三，它的品质特别好。

第四，物美价廉，价格不高，产品的功效又很强。

所以这一类产品再次让我们在这个操盘界，将一个非常小的品类做成了一个非常火爆的品类，这也是我们在这个行业再次出名的第二战。再次将一个大家都不看好的黑发市场，通过我们的运营，通过我们的操盘再次在整个微商界掀起了一股巨浪。

经过这两次的成功操盘。再次让我们在微商界建立了非常大的名声以及得到了一种信任，整个行业都知道我们一操盘整个行业就必火，一操盘就必成功，这种信任是很难用金钱买到的。这也是我们能够出这本书的原因，就是我们不仅能够将品牌做起来，还能带动一个行业，而且我们当顾问和帮朋友做一些品牌，将近 12 个品牌也做得非常成功，所以随着我们的名气越来越大，来找我们的人也越来越多。

通过这一系列的成功操盘,我们从微商小白成为整个行业的微商大咖,让我们从原来真正羡慕别人能够把品牌做起来到现在我们能够帮助别人把品牌做起来。能够带领更多的一些传统品牌以及想做微商品牌的厂家或者公司成功。因为我们已经有非常成熟的一些经验和案例。

我写这本书的目的也是想帮助更多的做微商品牌的朋友或者操盘手走更少的弯路,能够更快地走到成功的彼岸。